W0055016

DELPHI
bei Droemer Knaur

R. Rau

Harold S. Kushner

Warum Eva vom Apfel aß

oder die Kunst,
sich und anderen
Fehler zu verzeihen

Aus dem Amerikanischen
von Peter Kobbe

Delphi bei Droemer Knaur

Herausgegeben von Gerhard Riemann

Die Folie des Schutzumschlages sowie die Einschweißfolie
sind PE-Folien und biologisch abbaubar.
Dieses Buch wurde auf chlor- und säurefreiem Papier gedruckt.

Copyright der deutschsprachigen Ausgabe
Droemersche Verlagsanstalt Th. Knaur Nachf., München 1997
Das Werk einschließlich aller seiner Teile ist urheberrechtlich
geschützt. Jede Verwertung außerhalb der engen Grenzen des
Urheberrechtsgesetzes ist ohne Zustimmung des Verlages
unzulässig und strafbar. Dies gilt insbesondere für Vervielfältigungen,
Übersetzungen, Mikroverfilmungen und die Einspeicherung und
Verarbeitung in elektronischen Systemen.
Lektorat: Jutta Schwarz
Umschlaggestaltung: Vision Creativ, München
Satz: Ventura Publisher im Verlag
Druck und Bindung: Ebner Ulm
Printed in Germany
ISBN 3-426-29013-8

5 4 3 2 1

*Für Carl David Haber,
mit dem das Menschengeschlecht
von neuem beginnt*

Inhalt

Danksagung

Ich hatte beim Schreiben dieses Buches, wie schon bei meinen drei vorherigen Büchern, das Glück, daß James H. Silberman als Herausgeber fungierte. Praktisch jede Seite dieses Buches hat von seinem klugen Sachverstand profitiert.

Ich danke meiner Frau Suzette – mehr als ich dies hier mit Worten ausdrücken kann. Die Geduld, die sie für mich beim Schreiben aufbrachte, ihre Unterstützung und Bestärkung, mit der sie mir beistand, wenn ich darüber nachsann, was ich als nächstes schreiben sollte, waren unschätzbar.

Ein paar gute Freunde halfen mir, Klarheit in Gedanken und Worten zu finden, und ich danke ihnen allen.

Wieder einmal war es Peter L. Ginsberg, mein Agent, der dieses gewagte Unternehmen in die Wege geleitet hat, und wieder bin ich ihm zu tiefem Dank verpflichtet.

Schließlich muß ich dem Leser das Paradox zum Bewußtsein bringen, mit dem dieses Buch beginnt:

Dieses Buch, in dem es darum geht, daß wir von Menschen keine Vollkommenheit erwarten können, ist Carl David Haber gewidmet. Carl Haber ist mein dreijähriger Enkel. Wir finden, daß er vollkommen ist.

Einleitung

Die in diesem Buch formulierten Gedanken beschäftigen mich seit langem. Schon als Kind irritierte mich die biblische Geschichte vom Garten Eden. Ein Gott, der Menschen so streng dafür bestrafte, daß sie eine einzige willkürliche Vorschrift übertreten hatten, war nicht der Gott, an den ich glauben wollte, vor allem da das berichtete Geschehen ja darauf schließen ließ, daß Adam und Eva nicht wußten, was Gut und Böse bedeutete, ehe sie die Vorschrift übertraten.

Später bin ich dann immer wieder Menschen begegnet, die ihrer Meinung nach taten, was Gott in der Bibel getan hatte, indem sie jemanden ablehnten, weil ihm ein einziger Fehler unterlaufen war, weil er nicht vollkommen war. Als ich Rabbiner einer Gemeinde in einer Vorstadt von Boston war und Mitglieder meiner Synagoge ihre Probleme mit mir teilten, bekam ich ständig zu hören, daß Kinder über ihre Eltern verärgert, Eltern von ihren Kindern enttäuscht, Eheleute gegeneinander aufgebracht waren, Brüder ihre Brüder wegen eines Streits, der Jahre zuvor stattgefunden hatte, nicht zu einer Hochzeit einluden. Das Grundmuster schien immer das gleiche zu sein: Jemand tat etwas Unrechtes, und jemand anders reagierte darauf mit Liebesentzug und bisweilen mit dem Abbrechen aller Kontakte. Und der, der Vergeltung übte, hatte das Gefühl, mit gutem Recht so zu handeln. Denn hatte Gott im Garten Eden nicht das gleiche getan? Ich war oft darüber frustriert, daß meine religiöse Sichtweise diesen Bruch nicht zu kitten vermochte.

Vor fünfzehn Jahren schrieb ich, als Reaktion auf eine persönliche Tragödie, ein Buch mit dem Titel *Wenn guten Menschen Schlimmes passiert*. Seine Botschaft war einfach, aber radikal: Wenn Ihnen etwas Schlimmes passiert, dann manifestiert sich damit nicht, daß Gott Sie bestraft, weil Sie es verdient haben. Gott ist auf Ihrer Seite, nicht auf der Seite der Krankheit oder der Verletzung.

Dieses Buch kann man als Erweiterung des Obengenannten betrachten. Seine Botschaft ist genauso einfach und genauso radikal. Gott hört nicht jedesmal auf, uns zu lieben, wenn wir etwas Unrechtes tun, und auch wir sollten nicht deswegen aufhören, uns selbst und einander zu lieben, weil wir weniger als vollkommen[1]* sind. Wenn uns religiöse Lehrer etwas anderes sagen, dann ist das schlechte Religiosität. Wenn unsere Eltern auf unsere Ungezogenheit mit Liebesentzug reagierten, dann war das eine schlechte Reaktion von Menschen, die ansonsten gute Eltern gewesen sein mögen.

---

* Die Ziffern bezeichnen die Anmerkungen zur deutschen Übersetzung (S. 213–218).

12

Ich hoffe, daß unser Selbstwertgefühl, unsere Beziehungen zu unseren Eltern, unseren Kindern, unserem Lebensgefährten, unseren Geschwistern und Freunden sich verbessern werden, sobald wir die Lektion lernen, daß ein Fehler nicht zu Ablehnung und Verbannung zu führen braucht. Und ich hoffe, daß dieses Buch Sie dazu anleiten wird, diesen Segen zu erlangen.

Kapitel eins

Gott liebt dich

so oder so

Ich schaue auf eine zum Bersten volle Synagoge, jeder Sitzplatz ist besetzt, hinten im Gang stehen die Leute. Es ist der Abend von Jom Kippur, der Versöhnungstag, der Tag, an dem Juden fasten und beten, daß Gott ihnen ihre Unzulänglichkeiten vergeben möge, damit sie innerlich geläutert das neue Jahr[2] beginnen können. Männer und Frauen, die sonst das ganze Jahr keinen Gottesdienst besuchen, kommen an diesem Abend in die Synagoge. Menschen, die normalerweise in unseren sehr langen Gottesdiensten auftauchen, wenn diese etwa zur Hälfte vorbei sind, achten sorgsam darauf, daß sie heute abend rechtzeitig da sind. Wenn das letzte Gemeindemitglied Platz genommen hat, nicke ich dem Kantor zu, und er beginnt, die Liturgie zu psalmodieren:

»Mit Einwilligung der Gewalten im Himmel und auf Erden gestatten wir Sündern, in die Gemeinde einzugehen und ihr anzugehören.«

Wer sind diese Sünder, die durch die Eröffnungsworte der Liturgie zugelassen und willkommen geheißen werden? Jeder einzelne der beinahe tausend Anwesenden glaubt, daß diese Worte an ihn oder an sie gerichtet sind. Religion und Gewissen haben ihnen die Botschaft vermittelt, daß sie nicht immer die Menschen waren, die sie hätten sein sollen, und an die Religion wenden sie sich, um eine Botschaft der Vergebung und des Akzeptiertseins zu erhalten.

Im liturgischen Text wird wiederholt von unseren Schwächen, der Vernachlässigung unserer Pflichten, unserer Hartherzigkeit gegenüber anderen die Rede sein. Aber wenngleich die Worte des Versöhnungstages Worte des Tadels und Versäumnisses sind, überbringt die »Musik« eine ganz andere Botschaft. Die Leute in der Synagoge sind nicht gekommen, um sich sagen zu lassen, daß sie Dinge getan haben, die unrecht waren. Das weiß jeder von ihnen nur allzu gut. Sie sind gekommen, um sich versichern zu lassen, daß ihre Missetaten sie nicht von der Liebe Gottes getrennt haben. Sie sind nicht darauf aus, verurteilt und verdammt zu werden. Sie sind darauf aus, sich innerlich geläutert zu fühlen, die Zuversicht und das Gefühl der Vergebung und des Akzeptiertseins zu gewinnen, die sie befähigen werden, das neue Jahr ohne die Last der Versäumnisse des letzten Jahres zu beginnen.

Anscheinend gibt es etwas in der menschlichen Seele, das uns dazu veranlaßt, uns jedesmal, wenn wir etwas Verkehrtes tun, für weniger wertvoll zu halten. Es mag von Eltern herrühren, die zuviel von uns erwarteten, oder von Lehrern, die als selbstverständlich betrachteten, was wir richtig machten, und vielmehr das aufs Korn nahmen, was uns danebenging. Und vielleicht ist es gut für uns, uns so zu fühlen. Es macht uns möglicherweise sensibler

16

für das, was wir falsch machen, und bringt uns dazu, zu bereuen und zu wachsen. Aber es kann auch dazu führen, daß wir an uns und andere unrealistisch hohe Anforderungen stellen.

Die Religion stellt hohe Anforderungen an uns und spornt uns an, in unseren Bemühungen, diesen Anforderungen zu genügen, sittlich zu wachsen. Die Religion sagt uns: »Das hättest du besser machen können; du bist zu Besserem imstande.« Aber hören Sie bei dieser Botschaft genau hin. Dies sind Worte der Ermutigung, nicht der Verdammung. Sie sind ein Ausdruck der Bewunderung für unsere Fähigkeit zu wachsen, und keine Kritik an unserem Hang, Fehler zu machen. Wir mißverstehen die Botschaft der Religion, wenn wir sie als eine Botschaft der Kritik aufnehmen, genau wie wir auch unsere Eltern mißverstanden und glaubten, daß sie von uns enttäuscht seien, während es ihnen doch nur darum ging, uns, wenn auch auf noch so unbeholfene und vielleicht unrealistische Weise, davor zu bewahren, daß wir eines Tages zurückblicken und von uns selbst enttäuscht sind, weil wir nicht unser möglichstes getan haben. Die Religion verurteilt Vergehen. Sie weist uns zurecht, wenn wir gelogen und Menschen verletzt haben. Aber die Religion versucht auch, uns reinzuwaschen vom Enttäuschtsein von uns selbst, mit der befreienden Botschaft, daß Gott uns Seiner Liebe für würdig befindet.

Dr. Rachel Naomi Remen, eine kalifornische Ärztin, schildert, wie der exzellente Psychologe Carl Rogers an eine therapeutische Sitzung heranging: »»Es gibt da etwas, das ich tue, bevor ich mit einer Sitzung beginne. Ich gebe mir die Gewißheit, daß ich genüge. Nicht daß ich vollkommen bin. *Vollkommen würde nicht genügen.* Sondern daß ich ein Mensch bin, und das genügt. Es gibt nichts, was dieser Mensch sagen oder tun oder empfinden

17

kann, das ich nicht in mir empfinden kann. Ich kann auf seiner Seite sein. Ich genüge.‹«

Dr. Remen fügt hinzu: »Ich war davon ganz überwältigt. Ich hatte das Gefühl, als ob dadurch eine alte Wunde in mir, eine Angst, nicht gut genug zu sein, endlich heilen konnte. Ich wußte innerlich, daß das, was er sagte, absolut der Wahrheit entsprach. Ich bin nicht vollkommen, aber ich genüge. Diese innere Gewißheit ... ermöglicht, daß Heilung einsetzt.«

Nicht jeder ist so einsichtsvoll und weiß, daß er »gut genug« ist, auch wenn er nicht vollkommen ist. Es gibt eine Menge Leute auf der Welt, die mit dem Gefühl herumlaufen, sie seien nicht gut genug, mit dem Gefühl der Enttäuschung darüber, wer sie sind, die nicht glauben, daß sie verdienen, geliebt zu werden. Wir scheinen die Menschen insgesamt dazu zu bringen, sich unzulänglich zu fühlen, und dann zu versuchen, sie jeweils von Fall zu Fall aufzumuntern, aber diese Behandlung scheint das Ausmaß des Elends nie einholen zu können.

Tolstoi äußert in der berühmten Anfangszeile seines Romans *Anna Karenina* die Ansicht: »Glückliche Familien sind alle gleich, aber jede unglückliche Familie ist auf ihre besondere Art unglücklich.« Ich bin mir nicht sicher, ob er recht hatte. Meine Erfahrung als Geistlicher und Berater hat mich gelehrt, daß ein Großteil des Unglücks, von dem die Menschen sich belastet fühlen, ein Großteil des Schuldgefühls, ein Großteil des Eindrucks, vom Leben betrogen worden zu sein, von einer der beiden miteinander verwandten Ursachen herrührt: Entweder hat ihnen irgendwo auf dem Lebensweg jemand – einer der beiden Eltern, ein Lehrer, ein religiöser Führer – die Botschaft vermittelt, sie wären nicht gut genug, und sie glaubten das. Oder aber sie

18

entwickelten sich so, daß sie von den Menschen ihres familiären Umfelds – ihren Eltern, Kindern, Ehemännern oder Frauen – mehr erwarteten und brauchten, als diese Menschen ihnen realistischerweise geben konnten. Es ist die Vorstellung, daß wir eigentlich vollkommen sein sollten und daß wir von anderen Vollkommenheit erwarten könnten, weil das für uns unbedingt nötig wäre, der zufolge wir uns fortwährend schuldig und ständig enttäuscht fühlen.

Gegenüber Büchern und Artikeln, die uns sagen: »Verändern Sie nur die eine Sache in Ihrem Leben, und Sie werden garantiert glücklich«, bin ich eher mißtrauisch, ganz gleich, ob damit unsere Eßgewohnheiten, unsere Arbeitsgewohnheiten oder die Art, wie wir uns gegenüber unserem Ehepartner verhalten, gemeint sind. Das Leben ist zu kompliziert, als daß die Veränderung eines Teilaspekts so viel ausmachen könnte. Aber je mehr ich mich als Geistlicher mit den Problemen der Menschen befaßte und je mehr ich als Ehemann, Sohn, Vater, Bruder und Freund lernte, mein eigenes Leben offen und ehrlich zu betrachten, desto mehr war ich davon überzeugt, daß man eine Menge Elend auf diese eine irrige Vorstellung zurückführen könnte: Wir müssen vollkommen sein, damit uns die Menschen lieben, und wir verlieren diese Liebe, falls es uns jemals an Vollkommenheit mangelt. Es gibt wenige Emotionen, die geeigneter wären, in uns ein miserables Selbstwertgefühl zu hinterlassen, als die Überzeugung, daß wir nicht verdienen, geliebt zu werden, und wenige Möglichkeiten, die sicherer wären, diese Überzeugung hervorzurufen, als der Gedanke, daß wir jedesmal, wenn wir etwas Unrechtes tun, Gott und den uns am nächsten Stehenden Anlaß geben, uns nicht zu lieben.

19

Als jemand, der an einen liebenden, lossprechenden, verzeihenden Gott glaubt, und als jemand, der Religion als ein Heilmittel für die Beschwerden der Seele verteidigt, schmerzt es mich sehr, wenn man Religion dazu verwendet, Schuldgefühl eher herbeizuführen, als es zu heilen, und ich bedaure die vielen Menschen aller Konfessionen, die mir im Gespräch mitteilen, daß sie ständig von Gefühlen der Schuld und Unzulänglichkeit belastet sind, weil sie »den Fehler machten, die Religion ernst zu nehmen«, als sie Kinder waren. Es ist so traurig, Menschen kennenzulernen, die sich selbst für tief religiös halten, und zu entdecken, daß das, was sie für Religion halten, in Wirklichkeit eine kindliche Angst davor ist, Gottes Liebe zu verlieren, wenn sie jemals irgend etwas gegen Seinen Willen tun.

Ich würde mir wünschen, daß dieses Buch befreiend wirkt, denn ich glaube, daß die wesentliche Botschaft der Religion eine befreiende Botschaft ist und keine einschränkende oder strafende. Ich glaube, die grundlegende Botschaft der Religion besteht nicht darin, daß wir Sünder sind, weil wir nicht vollkommen sind, sondern ich glaube, daß die herausfordernde Aufgabe, ein Mensch zu sein, so komplex ist, daß Gott sich davor hütet, von uns Vollkommenheit zu erwarten. Die Religion ist dazu da, uns von unserem Gefühl der Unwürdigkeit reinzuwaschen und uns zu versichern, daß wir, wenn wir versucht haben, gut zu sein, und nicht so gut gewesen sind, wie wir sein wollten, Gottes Liebe nicht verloren haben.

Es wäre so wundervoll, uns selbst wieder mit einem guten Gefühl zu akzeptieren, über die Stimmen nörgelnder Eltern, Lehrer und anderer Gespenster aus der Zeit unseres Heranwachsens erhaben zu sein und zu empfinden, daß wir Menschen sind, die man lieben

20

und bewundern kann. Richtig verstandene Religion kann uns dieses Gefühl geben. Das ist vielleicht das Beste und Wertvollste, was Religion zu leisten vermag.

Zu sagen, daß Gott uns unsere Missetaten vergibt, ist keine Aussage über Gott, über Gottes emotionale Großzügigkeit. Es ist eine Aussage über uns. Das Gefühl zu haben, daß einem vergeben ist, besteht darin, sich frei zu fühlen, ohne die vergiftende Nachwirkung der Fehler der Vergangenheit in die Zukunft einzutreten, bestärkt von dem Wissen, daß wir wachsen und uns ändern können und dieselben Fehler nicht zu wiederholen brauchen.

Möglicherweise wurde uns diese Botschaft der Vollkommenheit durch Eltern vermittelt, die uns aufrichtig liebten und unser Bestes wollten und dieses fürsorgliche Anliegen in die Tat umsetzten, indem sie jeden unserer unbedeutenden Fehler tadelten und uns ständig drängten, alles noch besser zu machen. Oder sie wurde uns möglicherweise durch Eltern vermittelt, die emotional verkümmert, von sich selbst enttäuscht, über die Welt verärgert und unfähig waren, uns die Liebe und Anerkennung zu zeigen, nach der wir uns sehnten. Und wir, in unserer kindlichen Unschuld, dachten, daß wir für ihre mürrische Laune verantwortlich seien und es nicht verdienten, geliebt zu werden.

In John Steinbecks großartigem Roman *Jenseits von Eden* gibt es eine Szene, in der ein Sohn seinem Vater ein Geschenk gibt, das er mit großer Sorgfalt ausgesucht und für das er sehr viel geopfert hat. Der Vater weist es verächtlich zurück. Wir, die Leser, verstehen, daß der Vater so handelt, weil er ein emotional verwundeter und beschränkter Mensch ist, dem es Mühe macht, die besseren Qualitäten seines Sohns zu erkennen, und dem es Mühe macht zu glauben, daß er selbst ein besonderes Geschenk verdient. Aber

21

der Junge, dem die Perspektive des Lesers fehlt, kann das nicht begreifen. Die Botschaft, die ihm vermittelt wird, besteht darin, daß er nicht gut genug ist, und diese Ablehnung wird sein ganzes künftiges Leben beeinflussen.

Möglicherweise wurde uns diese Botschaft durch Lehrer vermittelt, die nur fehlerlose Schularbeiten lobten und ihre Unzufriedenheit mit uns zeigten, wenn uns etwas danebenging. Wir lernten, daß wir vollkommene Leistungen würden erbringen müssen, wenn wir jemals ein uns selbst betreffendes Lob hören wollten.

Ich beobachtete einmal, wie eine zweite Grundschulklasse von einer Lehrerin unterrichtet wurde, die im Ruf stand, eine begabte und kreative Pädagogin zu sein. Sie führte eine Rechtschreibübung durch, indem sie die Klasse in zwei Mannschaften aufteilte und jedem Kind von jeder Mannschaft einen Buchstaben des Alphabets gab. Dann rief sie ein Wort aus, und wenn der eigene Buchstabe darin enthalten war, mußte man im Schulzimmer nach vorn rennen, um, im Zusammenspiel mit den eigenen Mannschaftskameraden, das Wort zu buchstabieren. Das eigene Team machte Punkte, wenn es als erstes mit dem Wort fertig war, und für jeden fehlenden oder zusätzlichen Buchstaben wurden ihm Punkte abgezogen. Ich stellte fest, daß im Verlauf einer halben Stunde mehrere Kinder ihre Rechtschreibkenntnisse verbesserten und etliche andere Kinder die Lektion schluckten, daß sie langsam und dumm waren und ihr Team um Punkte brachten. Ich hörte die Enttäuschung und Mißbilligung in der Stimme der Lehrerin, wenn manche Kinder wiederholt Fehler machten, und ich bin sicher, daß die Kinder, an die diese Mißbilligung gerichtet war, sie auch hörten. Ich ging weg, nicht ohne mich zu fragen, ob sich das alles in allem genommen lohnte.

22

Möglicherweise haben wir von Freunden und anderen Kindern, die sich über unsere körperlichen Eigenheiten, unsere Schwerfälligkeit im Klassenzimmer und auf dem Spielplatz lustig machten, gelernt, uns unserer Unvollkommenheiten zu schämen. Oder – und das wäre am bedauerlichsten – wir haben möglicherweise von unseren religiösen Führern, von Geschichten aus der Bibel und Unterrichtsstunden in der Sonntagsschule gelernt, daß Gott uns auf strenge Normen von Recht und Unrecht festlegt, daß Gott über jede geheime, schlimme Sache Bescheid weiß, die wir tun, selbst über unsere geheimen, schlimmen Gedanken, und daß jede Sünde, die wir begehen, uns von Gottes Liebe trennt. Man hat uns möglicherweise die Geschichte von Adam und Eva im Garten Eden eingeprägt: wie sie mit Gott im Paradies glücklich hätten leben können, aber *einen* Fehler machten und auf immer dafür bestraft wurden. Und wir lernten die Lektion, daß wir, sollten wir jemals *einen* Fehler machen, das Paradies verlieren und schwer bestraft werden würden.

Der Ausgangspunkt dieses Buches ist meine Behauptung, daß Juden und Christen die Geschichte von Adam und Eva im Garten Eden seit Jahr und Tag mißverstehen. Wir haben sie als eine Geschichte des Ungehorsams und der göttlichen Strafe ausgelegt und gelernt, an einen Gott zu glauben, der uns hart bestrafen würde, wenn wir jemals irgendein Unrecht begingen. In diesem Buch werde ich eine radikal andere Deutung dieser Geschichte anbieten, eine, die uns erlauben wird, positiver von Gott zu denken und auch positiver von unseren ersten menschlichen Vorfahren zu denken.

Aber wenn wir uns von der Vorstellung frei machen könnten, daß Gott die Menschen wegen *einer* unrechten Handlung bestraft,

23

wenn wir dahin gelangen könnten, Gott als einen Gott anzusehen, dessen Liebe unerschütterlich genug war, um die zwangsläufig aufkommende Enttäuschung zu überwinden, dann würden wir nicht nur uns selbst mehr mögen und in den Genuß all des Guten kommen, das sich daraus ergäbe. Wir wären besser in der Lage, die Unvollkommenheiten unserer Eltern zu akzeptieren, ihre Unfähigkeit, uns zu sagen, daß sie uns liebten und stolz auf uns waren, ihre unrealistischen Forderungen und Erwartungen. Wir wären fähig, diese Dinge als Mängel an ihnen zu betrachten, nicht als Kritik an uns, und wir wären fähig, sie trotz ihrer Schwächen zu lieben, genauso wie wir in dieser Sichtweise glauben würden, daß Gott uns trotz unserer Fehler liebt.

Sobald wir aufhören, die Geschichte vom Garten Eden mißzuverstehen und ihr zu entnehmen, daß Gott Vollkommenheit von uns erwartet, könnten wir aufhören, Vollkommenheit von unserem Ehepartner und unseren Kindern zu erwarten und von ihnen zu verlangen, daß sie vollkommen sind, damit wir dank ihnen glänzend dastehen. Wir könnten sie vorbehaltlos, mitsamt ihren Schwächen lieben und sie dazu ermutigen, uns auf dieselbe Art zu lieben. Aber wir werden dazu nicht fähig sein, solange wir hartnäckig an dem Glauben festhalten, daß *ein* Fehler Anlaß und Grund zur Ablehnung ist, ob es nun Gott oder man selbst oder jemand aus unserem familiären Umfeld ist, der ablehnend agiert. Elaine Pagels schreibt in *Adam, Eva und die Schlange,* einer brillanten Studie über den christlichen Begriff der Erbsünde: »Es besteht eine spezifisch menschliche Neigung, die persönliche Verantwortung für Leid zu übernehmen. *Die Menschen würden sich in vielen Fällen lieber schuldig als hilflos fühlen.* Wenn die Ursache für ein Unglück eher moralisch als natürlich ist, können

24

wir uns einreden, daß wir ihrer Herr werden können. Wenn Schuldgefühl der Preis ist, den man für die Illusion der Herrschaft über die Natur zahlen muß, dann sind bis heute offenbar viele Menschen bereit, ihn zu zahlen.« Mit anderen Worten, wenn wir uns überzeugen können, daß wir für Krankheit, für den Tod von jemandem verantwortlich sind, dann können wir Krankheit und Tod verhüten, indem wir unsere Wünsche und unser Verhalten ändern.

Aber die Illusion, daß wir Vorgänge und Ereignisse kontrollieren können, wenn wir alles richtig machen, daß wir die Menschen dazu bringen können, uns zu lieben, wenn wir auf die richtige Weise agieren, und daß wir sicher mit einem glücklichen Ausgang rechnen können, weil wir ihn ja verdienen, *ist* eine Illusion, und zwar eine sehr destruktive. Ganz gleich, wie sehr wir unsere Eltern lieben, und ganz gleich, wieviel Geld wir für ihre ärztliche Behandlung ausgeben, sie werden altern und sterben, und wir werden uns unnötig quälen, falls wir meinen, daß wir das hätten verhindern können (besonders wenn wir uns irgendwo im Unterbewußten an einen Zeitpunkt erinnern, in dem wir ihnen möglicherweise Schaden gewünscht haben). Ganz gleich, wie sehr wir uns anstrengen, vollkommene Ehepartner und vollkommene Eltern zu sein, manche Ehen werden trotz unserer ernsthaftesten Bemühungen aus natürlichen Gründen in die Brüche gehen, und manche Kinder werden heranwachsen, um uns zu enttäuschen. Wir verschlimmern die Lage nur, indem wir mit dem Kopf gegen die Wand schlagen und die Worte wiederholen: »Hätte ich doch bloß etwas anders gemacht!«

Ich glaube nicht, daß die Geschichte von Adam und Eva die Geschichte zweier Menschen ist, die immerzu glücklich hätten

25

leben können, wenn sie zuerst alles richtig gemacht hätten, aber statt dessen für immer bestraft wurden, weil sie *einen* Fehler machten. Sie ist meiner Meinung nach nicht dazu da, uns die Lektion zu erteilen, daß Gott aufhören wird, uns zu lieben, um uns statt dessen zu bestrafen, wenn wir jemals etwas Unrechtes tun. Ich fasse die Geschichte vom Garten Eden nicht als eine Art Zeitungsbericht über einen tatsächlichen Vorfall auf (obwohl ich weiß, daß dies einige Leute tun), der schildert, wie das Menschengeschlecht beginnt – mit zwei vollentwickelten, Hebräisch sprechenden Erwachsenen als Stammeltern und einer sprechenden Schlange. Aber ich glaube in der Tat, daß die Geschichte vom Garten Eden uns etwas zutiefst Wahres über das Auftauchen des Menschengeschlechts mitteilt und daß wir uns nur dann mit uns selbst als unvollkommenen menschlichen Wesen wohler fühlen werden, wenn wir zu begreifen gelernt haben, worum es in der Geschichte wirklich geht. Wenn wir die Fülle unseres Menschseins klar erkennen sollen, wenn wir unsere Fehler und sogar unsere unvollkommenen Erfolge in einem übergreifenden Kontext sehen sollen, dann können wir nichts Besseres tun, als dort zu beginnen, wo die Bibel beginnt, mit *einem* Mann, *einer* Frau, *einem* Gott und *einer* Vorschrift in einer schönen neuen Welt.

26

Kapitel zwei

Was geschah

wirklich im Garten Eden?

Die Geschichte ist einfach und vielschichtig zugleich, einfach genug, um sie einem Kind zu erzählen, subtil und tiefgründig genug, um Gelehrte ein Leben lang zu beschäftigen. Sie steht im dritten Kapitel des Buches Genesis in der Bibel. Am Anfang schuf Gott eine wohlgeordnete, stabile Welt und füllte sie mit Pflanzen, Vögeln und Tieren. Dann schuf Gott als die Krone Seiner Schöpfung einen Menschen nach Seinem Bilde und nannte ihn Adam, weil er aus der Erde geformt worden war (das hebräische Wort für Erde lautet *Adama*). Er setzte ihn in einen Garten namens Eden und trug ihm auf, sich darum zu kümmern und seine unterschiedlichen Früchte zu genießen. In der Mitte des Gartens befanden sich zwei besondere Bäume, der Baum des Lebens und der Baum der Erkenntnis von Gut und Böse. Gott sagte Adam, daß er von allen Gewächsen im Garten, einschließlich des Baums des Lebens, essen könne, daß er aber nicht die Früchte des Baums der Erkenntnis von Gut und Böse essen dürfe, »denn sobald du davon ißt, wirst du sterben«.[3]

Da Gott sah, daß Adam allein war und keines der Tiere ein geeigneter Gefährte für ihn war, nahm Gott eine von Adams Rippen (oder vielleicht war es keine Rippe; ich werde das später erläutern) und gestaltete eine Frau, ein aus derselben menschlichen Substanz wie Adam geformtes Geschöpf, bei dessen Anblick Adam spontan sagte: »Das endlich ist Bein von meinem Bein und Fleisch von meinem Fleisch.« Die Bibel legt Wert darauf, uns zu sagen, daß der erste Mann und die erste Frau nackt waren, aber sich nicht schämten.

An diesem Punkt tritt die Schlange in der Geschichte auf, »listiger als alle Tiere des Feldes, die Gott, der Herr, gemacht hatte«, und offensichtlich nur am Leben, um Schwierigkeiten zu bereiten. Sie verleitet die Frau, von den verbotenen Früchten zu essen: Sie sagt ihr, daß Gott eifersüchtig auf sie und ihren Gefährten ist und alles Wissen für sich behalten möchte. Als die Frau sieht, wie verlockend die verbotenen Früchte sind, nimmt sie welche und ißt davon und gibt auch ihrem Mann welche, der gleichfalls davon ißt. Sofort, so berichtet uns die Bibel, »gingen beiden die Augen auf, und sie erkannten, daß sie nackt waren«. Darum hefteten sie ein paar Feigenblätter zusammen, um sich zu bedecken.

Gott erscheint im Garten, und der Mann und die Frau versuchen, sich vor Ihm zu verstecken; sie erklären, daß sie sich verstecken, weil sie nackt sind. Gott sagt: »Wer hat euch gesagt, daß ihr nackt seid? Habt ihr von dem Baum gegessen, von dem zu essen ich euch verboten habe?« Adam antwortet: »Es war nicht meine Schuld. Die Frau, die Du mir gegeben hast, hat mich dazu überredet.«

28

Die Frau versucht sich auf ähnliche Weise zu rechtfertigen: »Es war nicht meine Schuld, die Schlange hat mich dazu überredet.« Gott bestraft die Schlange, indem Er sie dazu verdammt, für immer auf dem Bauch zu kriechen und Staub zu fressen. Er verbannt den Mann und die Frau aus dem Garten und verurteilt sie zu einem Leben voller Schmerz und harter Arbeit. Zur Bestrafung des Mannes: »Im Schweiße deines Angesichts sollst du Brot zu essen bekommen, bis du zurückkehrst zum Ackerboden; von ihm bist du ja genommen.« Zur Bestrafung der Frau: »Ich werde bewirken, daß deine Schmerzen bei der Niederkunft äußerst stark sind ... Dein Geschlechtstrieb wird deinem Mann gelten, aber der soll über dich herrschen.«

Adam und seine Lebensgefährtin verlassen den Garten Eden und siedeln sich außerhalb, östlich davon an. Nachdem ihnen der Zugang zum Baum des Lebens verweigert ist, werden sie das erste Mal sexuell intim und haben Kinder: Kain, Abel, Set und viele weitere Söhne und Töchter. Zu diesem Zeitpunkt gibt Adam seiner Gefährtin einen Namen, Eva, was Quelle des Lebens bedeutet.

Das ist die Geschichte. Ich kann mich nicht erinnern, wie alt ich war, als ich sie zum ersten Mal hörte, aber ich kann mich erinnern, daß, als ich noch jung war, für mich einige Aspekte davon nur schwer zu begreifen oder zu akzeptieren waren. Möglicherweise haben Sie ähnlich reagiert, als Sie sie zum ersten Mal in Ihren Kindertagen hörten oder als Sie diese Zusammenfassung davon lasen.

Ist das nicht eine harte Strafe für *einen* kleinen Fehler – Schmerzen und Tod, Verbannung aus dem Paradies für das Übertreten *einer* Vorschrift? Ist Gott wirklich so streng?

29

Warum schuf Gott einen Baum, von dem nach Seinem Willen niemand essen sollte? Legte Gott Adam und Eva daraufhin an, nicht zu gehorchen, damit Er sie bestrafen konnte?

Wurde die Frau jemals über das Verbot unterrichtet, entweder von Gott oder von Adam? Warum wird die Geschichte auf solche Weise erzählt, als sollte der Anschein erweckt werden, die Frau sei an allem schuld?

Wie ist es zu deuten, daß die ersten Menschen sich ihrer Nacktheit nicht schämten, bevor sie von den verbotenen Früchten aßen, sich aber danach sofort schämten?

Und was vielleicht das Beunruhigendste von allem ist: Wenn der verbotene Baum der Baum der Erkenntnis von Gut und Böse war – beinhaltet dies, daß Adam und seine Gefährtin keine Kenntnis von Gut und Böse hatten, ehe sie von ihm aßen? Wenn ja – wie hätte man dann von ihnen erwarten können zu wissen, daß es nicht recht war, gegen Gott ungehorsam zu sein? Und warum wurden sie bestraft, wenn sie kein Gefühl für Gut und Böse hatten, bevor sie von ihm aßen?

Seit Tausenden von Jahren versuchen Theologen und Philosophen mit diesen Fragen fertig zu werden. Sie haben beispielsweise versucht, einen Unterschied zu machen zwischen dem *intellektuellen Verständnis* von Gut und Böse (man weiß, daß bestimmte Dinge nicht recht sind), über das Adam und Eva verfügten, bevor sie aßen, und der *auf Erfahrung beruhenden Erkenntnis* von Gut und Böse (man weiß, mit welchen Empfindungen unrechtes Tun verbunden ist), die sie erst nach dem Essen der verbotenen Früchte erlangten. Aber irgendwie klingt das nach der Art von Unterscheidung, die Philosophen so sehr schätzen, nicht nach dem, worum es in der biblischen Geschichte eigentlich geht.

30

Zur Zeit des Neuen Testaments hatte der Apostel Paulus die Idee zu einem theologischen Dogma weiterentwickelt, welches dann als das der Erbsünde bekannt wurde. Als Nachkommen von Adam und Eva erben wir nicht nur deren Sterblichkeit, die Tatsache, daß Menschen nicht für immer leben; wir erben ihre Neigung, gegen Gott ungehorsam zu sein.

Der heilige Augustinus, der frühchristliche Philosoph, schildert, wie er als junger Mann mit einigen Freunden Birnen aus dem Obstgarten eines Nachbarn stahl, nicht weil sie, die Birnendiebe, Hunger hatten – sie warfen sie schließlich weg –, sondern nur wegen des Nervenkitzels, etwas Unrechtes zu tun, ungefähr so, wie heutzutage Jugendliche aus mittelständischen Familien zum Ladendiebstahl neigen könnten. Für Augustinus war dies der Beweis der Verderbtheit des menschlichen Willens, der Makel Adams in jedem von uns, der Drang zu verdeutlichen, daß die Vorschriften für einen selber nicht gelten. (Wären Adam und Eva von dieser einen Frucht unter all den Früchten des Gartens wohl gleichermaßen verlockt worden, wenn sie nicht verboten gewesen wäre? Oder wenn die Schlange nicht zu ihnen gesagt hätte: »Sobald ihr davon eßt, werdet ihr wie Gott sein«?)

Während die hebräische Bibel die Sünde als eine Tat auffaßte und Menschen für fähig hielt, ihre Sünde durch Reue, geändertes Verhalten und das Bringen eines Opfers zu sühnen, ist für die frühen Christen die Sünde nicht zu einer Tat, sondern zu einer inneren Beschaffenheit, einem unauslöschlichen Schandfleck auf der menschlichen Seele geworden. Wir sind nicht bloß Menschen, die einige gute Dinge und einige schlechte Dinge tun. Wir sind Menschen, die, wie Adam, gesündigt haben und zum Sünder

31

werden, geradeso wie jemand, der ein einziges Individuum ermordet, zum Mörder wird und sich nicht dadurch rechtfertigen kann, daß er auf alle die Menschen hinweist, die er nicht tötete. Indem wir sündigen, wie dies alle menschlichen Wesen, die Nachkommen Adams, unvermeidlich tun, bleiben wir hinter dem vollkommenen Gehorsam zurück, zu dem uns Gott aufgerufen hat.

In Archibald MacLeishs hervorragendem Bühnenstück *J. B.*, seiner modernen Nacherzählung der Geschichte von Hiob, dem guten Mann, der leidet, sind die drei Freunde, die kommen, um Hiob zu »trösten«, ein Marxist, ein Psychiater und ein Geistlicher. Auf Hiobs qualerfüllten Aufschrei: »Was hab' ich denn getan, daß ich das verdiene?«, reagiert jeder mit seiner besonderen Antwort. Der Geistliche sagt ihm:

> »Deine Sünde ist einfach. Du wurdest als Mensch geboren …
> Worin besteht deine Schuld? Des Menschen Herz ist böse.
> Was hast du getan? Des Menschen Wille ist böse.«

Hiob entgegnet: »Du hast den allergrausamsten Trost für mich, macht er doch den Gestalter des Universums zum Mißgestalter der Menschheit.« Mit anderen Worten: Du sagst mir, daß Gott mich sündhaft geschaffen hat und mich jetzt dafür bestraft. Gott hat mich fehlerhaft geschaffen und macht mich dafür verantwortlich, daß ich unvollkommen bin.

Ich möchte gern eine andere Lesart der Geschichte vorschlagen, eine, die meiner Meinung nach die Vorkommnisse plausibler erscheinen läßt, bei der weniger Fragen offenbleiben und die ein positiveres Bild von unseren ersten Vorfahren und, als natürliche

32

Folgerung, ebenso von uns malt. Wir müssen uns durch die Geschichte nicht verdammt fühlen, zwangsläufig dazu bestimmt, zu sündigen und Gottes Liebe zu verlieren, wie dies bei Adam und Eva der Fall war. Wir können sie als eine inspirierende, ja befreiende Geschichte lesen, als eine Geschichte darüber, was für eine wundervolle, komplizierte, schmerzhafte und lohnende Sache es ist, ein Mensch zu sein. Ich möchte gern folgende These aufstellen: Die Geschichte vom Garten Eden ist eine Erzählung, nicht vom Verlorenen Paradies, sondern vom Abgelegten Paradies, nicht von der Erbsünde, sondern von der Geburt des Gewissens.

Der Bericht von Adam und Eva, die die Frucht des Baumes der Erkenntnis von Gut und Böse essen, ist in meinen Augen eine mythische Schilderung davon, wie die ersten Menschen die Welt der tierischen Existenz hinter sich ließen und in die problematische Welt des Menschseins eintraten. Es ist der biblische Bericht von der Evolution, der den Unterschied zwischen Mensch und Tier eher vom moralischen als vom anthropologischen Standpunkt aus betrachtet.

Für Tiere mag das Leben wohl schwierig sein, aber es ist auch einfach. Nahrung mag schwer zu erlangen sein, sie mögen ständig vor räuberischen Lebewesen auf der Hut sein müssen, aber Tiere müssen niemals moralische Entscheidungen fällen. Wenn es an der Zeit ist, der Nahrung wegen zu töten, wenn es an der Zeit ist, sich zu paaren, die eigenen Jungen zu schützen oder sie, als auf sich gestellte Artgenossen, fortzuschicken, werden Tiere vom Instinkt gelenkt. Den Menschen hingegen, die ja vom Baum der Erkenntnis von Gut und Böse gegessen haben, stellen sich die akuten Probleme, ihre Familien zu versorgen, weitaus schwieri-

33

ger dar. Gottes Ratschluß, daß Adams Nachkommen ihr Brot im Schweiße ihres Angesichts verdienen würden, scheint sich nicht nur auf physische Arbeitsmühsal, sondern auch auf die Existenzangst zu beziehen, die beim einzelnen Individuum offenbar unvermeidlich zum Verdienen des Lebensunterhalts dazugehört. Im Gegensatz zu den Tieren muß ein Mensch eine Karriere aus Hunderten von Möglichkeiten auswählen. Der Betreffende muß sich dann entscheiden, wie hart er an dieser Karriere arbeiten will, indem er sie gegen familiäre Verpflichtungen abwägt, und wie redlich er bei der Arbeit sein will. Verschleiern Sie die Wahrheit, um einen Verkauf abzuschließen? Wird das Herabmindern der Qualität den Profit steigern oder lediglich Kunden verscheuchen? Kein Tier muß sich wegen solcher Angelegenheiten Sorgen machen.

Menschliches Leben ist unendlich komplizierter als tierisches Leben, weil wir uns bei jeder Wahl, die wir treffen, ihrer moralischen Dimension bewußt sind, und je authentischer wir Mensch sind, desto komplizierter wird unser Leben. Könnte es sein, daß Gott, als Er Adam sagte, er dürfe nicht von den Früchten des verbotenen Baumes essen, nicht nur ein Verbot, sondern eine *Warnung* aussprach, wie die Person, die einem Freund, der ungeduldig auf eine Beförderung wartet, sagt: »Dir ist doch klar – wenn du diesen Posten kriegst, dann hast du mehr Verantwortung und weniger Zeit für deine Familie. Du wirst Entscheidungen fällen müssen, die unschuldige Leute verletzen. Bist du dir sicher, daß du ihn willst?« Ja, könnte Gott gar *gewollt* haben, daß Adam und Eva die Frucht essen – obwohl Er wußte, daß dies ihr Leben beschwerlich und kompliziert machen würde, und Er vor dem Schmerz zurückscheute, zu dem sie sich selbst verurteilen wür-

34

den –, weil Gott nicht der einzige auf der Welt sein wollte, der den Unterschied zwischen Gut und Böse kannte?

Tiere können Schmerz empfinden, aber wir Menschen können, weil wir vom Baum der Erkenntnis gegessen haben, eine Schmerz-Dimension empfinden, die den Tieren verschlossen ist. Wir können Verlust, Grauen, Frustration, Eifersucht, Betrug mit einer Intensität empfinden, wie Tiere es nie können werden. Das gehört zu dem Preis, den wir für unser Menschsein zahlen, dafür, daß wir fähig sind, Liebe, Freude, Hoffnung, Stolz, Treue und Kreativität zu empfinden.

Ein Theologe hat darauf hingewiesen, daß das ungewöhnliche hebräische Wort für Schmerzen, das in Genesis 3, 16–17 benutzt wird, wo Gott Adams und Evas Schicksal bestimmt, auch in Genesis 6, 6 gebraucht wird, um den Schmerz zu bezeichnen, den *Gott* empfindet, als Er sieht, wie schlecht Seine Welt sich letztlich entwickelt hat. Könnte es sein, daß Gott, als Er Adam und Eva sagt, Sexualität, Elternschaft und Kreativität würden schmerzhaft sein, nicht in erster Linie eine Strafe über sie verhängt, sondern ihnen zu verstehen gibt: »Ihr habt von diesem Baum gegessen, weil ihr wie Gott sein und Gut und Böse unterscheiden können wolltet? Nun, ihr werdet sehr bald herausfinden, wie frustrierend es ist, Gott gleich zu sein, etwas zu erschaffen und dann die Herrschaft über das von euch Geschaffene aufzugeben, zu wünschen, daß sich etwas so vollkommen gestaltet, wie ihr es euch im Geist ausgemalt habt, und dann zu sehen, wie weit die tatsächlichen Gegebenheiten hinter eurem ursprünglichen Plan zurückbleiben. Über Gut und Böse Bescheid zu wissen ist mit mehr Schmerzen verbunden, als ihr euch je vorstellen könntet.«

35

Ich halte die von den verbotenen Früchten essende Eva für unglaublich mutig. Sie ist nicht leichtfertig, ungehorsam oder mühelos verführbar, wie spätere Interpreten sie beharrlich zu charakterisieren pflegten. Kühn überschreitet sie die Grenze ins Unbekannte und wagt sich daran zu entdecken, was jenseits der Schranken tierischer Existenz liegt; und sie streckt ihre Hand nach Adam aus, damit er sich ihr anschließt. Die Darstellung der Eva im Buch Genesis gemahnt an den griechischen Mythos von Pandora (die in einigen Versionen der Geschichte als die erste Frau auf Erden bezeichnet wird). Man gab Pandora eine Büchse und sagte ihr, daß sie sie niemals öffnen dürfe. Zwangsläufig tat sie es doch, und alle möglichen Plagen und Krankheiten flogen heraus, um die Welt von da an für immer zu quälen. Man vermutet, daß die ursprüngliche Fassung der Geschichte entstellt worden ist, so wie die Geschichte vom Garten Eden mißdeutet worden ist, um die Frau als die negative Gestalt hinzustellen, die für alle Probleme auf der Welt verantwortlich ist. Der griechische Name Pandora bedeutet wörtlich »alle Gaben«, und man könnte spekulieren, daß in der ursprünglichen Fassung der Geschichte die Büchse alle möglichen *guten* Dinge enthielt, die die Götter der Menschheit vorenthalten wollten. Auf entsprechende Weise habe ich die Geschichte vom Garten Eden nicht als einen Bericht darüber gelesen, wie Eva ihren Nachkommen Sünde und Tod aufbürdet, sondern als einen Bericht darüber, wie sie uns Menschsein gibt, mit allem Schmerz und allem Reichtum, den es mit sich bringt. Wie Pandora, die Spenderin »aller Gaben«, hat Eva ihren Nachkommen mehr als bloße Existenz gegeben; sie hat uns das Leben gegeben.

Als Adam und Eva aus der Welt tierischer Existenz herauswach-

36

sen und in die komplizierte Welt menschlicher Moralerwartungen eintreten, erfüllt es sie mit Unbehagen, daß sie kritischer Beurteilung und Prüfung ausgesetzt sind. Sie erkennen klar, daß die Verhaltensalternativen, aus denen sie auswählen müssen, so überaus kompliziert sind, daß sie dabei unmöglich immer das Richtige tun können. Sie werden zwangsläufig Fehler machen. In dieser Hinsicht sind sie wie Jugendliche. Haben Sie schon einmal bemerkt, daß zehn- oder elfjährige Jungen und Mädchen fast immer in völliger Unbefangenheit von sich selbst und den Dingen, die sie tun, überzeugt sind? Denken Sie an die Comic Strips und Situationskomödien, in denen das jüngste Kind gut in der Schule ist, allein einen Stand für Zitronenlimonade schmeißt und Computerspiele spielt, während seine ältere Schwester ständig gedankenverloren von Jungen träumt und darauf wartet, daß das Telefon läutet. Wenn Kinder das Jugendalter erreichen und Verantwortung für schwierige moralische Verhaltensalternativen übernehmen (sie haben, in moralischem und sexuellem Sinne, die Frucht der Erkenntnis von Gut und Böse gekostet), werden sie ausgesprochen unsicher und sind davon überzeugt, daß jeder sie beobachtet und abschätzt, ihr Aussehen, ihre Kleidung, ihren Teint. Aus dem/der Elfjährigen, der/die rief: »Mami, komm, schau, was ich kann!«, wird der/die mürrische Vierzehnjährige, der/die sagt: »Mama, sei so gut: kümmere dich nicht um mein Zeug, und laß mich in Ruhe.«

Adam und Eva, noch völlige Neulinge in der Welt des Wissens um Gut und Böse, sind so. Sie versuchen, sich vor Gott zu verstecken: Wenn man sie nicht finden kann, wenn man sie nicht sehen kann, dann kann man nicht über sie urteilen. Gott ruft sie, und sie müssen antworten. Statt nun für sich in Anspruch zu

37

nehmen, man hätte von ihnen nicht erwarten können, daß sie sich vor der Tat hüten würden, erkennen sie ihren neuen Status als moralisch bewußte Menschen an, indem sie zugeben, daß etwas Unrechtes geschah. Aber sie versuchen, anderen die Schuld dafür zuzuschieben, daß sie sich nicht vor der Tat hüteten. Adam macht Eva dafür verantwortlich: Sie habe ihm ja die Frucht gegeben. Und er macht sogar Gott dafür verantwortlich, denn Er habe ihm Eva gegeben. Eva schiebt die Schuld auf die Schlange. Nachdem sie von den Früchten gegessen und gelernt haben, die Sprache von Recht und Unrecht zu sprechen, behaupten sie jetzt von sich, daß sie schuldlos sind und (buchstäblich) alle anderen auf der Welt unrecht haben. Unsere ersten Vorfahren versuchen, sich gegen Gottes Beschuldigungen zu verteidigen, indem sie behaupten: »Ich bin unschuldig. Es lag nicht an mir; jemand anders hat mich dazu gebracht.« Praktisch sagen sie: »Gewiß, es gibt so etwas wie Verantwortung, aber wir tragen keine.«

Unbeeindruckt von ihren Rechtfertigungen, bestimmt Gott, daß Adam von nun an für seine Nahrung wird arbeiten müssen, um im Schweiße seines Angesichts sein Brot zu verdienen, statt nach ihm zu suchen, wie es Tiere tun. Und Eva wird das Gebären und Großziehen von Kindern Schmerz bereiten. Und beide werden in großer Angst vor dem Tag leben, an dem sie sterben und zu dem Staub zurückkehren werden, aus dem sie ursprünglich gebildet wurden.

Auf den ersten Blick klingen diese Verfügungen wie Strafen, und als solche hat man sie auch während des größten Teils der historischen Vergangenheit aufgefaßt. Adam aß die verbotene Frucht, also wird er jetzt den Boden bebauen müssen, um Nahrung wachsen zu lassen, anstatt sie von den Bäumen pflücken zu

38

können. Eva gab dem Verlangen nach, also wird ihr sexuelles Verlangen ihr nicht endende Schmerzen und Probleme bereiten. Die beiden haben den Baum des Lebens verschmäht, um statt dessen vom Baum der Erkenntnis zu essen, also werden sie nicht für immer leben, sondern sterben, und sie werden das auch wissen.

Aber betrachten Sie diese Bibelverse einmal mit anderen Augen, ohne die Annahme, daß es sich um eine Geschichte über ungebührliches Verhalten und seine Bestrafung handelt. Arbeit, intimer sexueller Umgang, Elternschaft, ein Gefühl der Sterblichkeit, die Erkenntnis von Gut und Böse – sind das nicht genau die Dinge, die uns vom Tierreich trennen? Dies sind die Quellen der Kreativität, die Dinge, die uns zu Menschen machen. Sie mögen schmerzhaft sein, aber das ist die Art Schmerz, die zu Wachstum führt, wie die Belastung, die man zu tragen hat, wenn man lieber ein leitender Angestellter mit Entscheidungsbefugnis als ein Fabrikarbeiter ist, oder die Probleme, die auf einen zukommen, wenn man sich lieber in seiner Elternrolle engagiert, statt kinderlos zu bleiben.

Tiere bilden Paare, um sich fortzupflanzen. Manche Tiere gehen auf Lebenszeit eine Paarbindung ein, leben offenbar in echter Geselligkeit und Gemeinschaft zusammen und sind bekümmert, wenn ihr Gefährte stirbt. Aber Tiere paaren sich sexuell nur, um sich fortzupflanzen, um einen machtvollen Trieb zu befriedigen. Wir haben keinen Grund anzunehmen, daß außer den Menschen irgendwelche Lebewesen jemals aus Gründen des intimen Umgangs, des Vergnügens oder der Liebe sexuell zusammenkommen. Soweit wir wissen, verführen oder betrügen Tiere bis auf sehr seltene Ausnahmen nicht, noch halten sie aus Verärgerung

39

oder Eifersucht sexuelle Gunstbeweise zurück. Das Geschlechtsleben der Tiere ist viel unkomplizierter und reflexartiger als das der Menschen. Es birgt sowohl in physischer wie in emotionaler Hinsicht weniger Schmerzgefahr und ist in bezug auf die Fortpflanzung der Art effizienter.

Man hat darauf hingewiesen, daß Menschen die einzigen Lebewesen sind, die den Liebesakt von Angesicht zu Angesicht vollziehen, weil es nur bei menschlichen Wesen wirklich ins Gewicht fällt, wer jeweils der Partner ist. Man hat bemerkt, daß Menschen als die einzige Spezies auch dann zu sexueller Erregung fähig sind, wenn die Frau nicht in der Lage ist, schwanger zu werden, weil es für Menschen, und nur für Menschen, beim Sex um Liebe und intimen Umgang und gemeinsames Vergnügen geht und nicht nur darum, den Trieb zur Fortpflanzung zu beachten. Aus diesem Grund hatte ich, als ich Gemeinderabbiner war, keine Bedenken, die Trauung von Paaren vorzunehmen, die über das gebärfähige Alter hinaus oder aufgrund von Krankheit oder operativen Eingriffen unfruchtbar waren.

Der über Eva verhängte Schmerz, Kinder zu gebären, endet nicht mit der Niederkunft. Es ist unendlich viel schwerer, Mutter oder Vater eines Menschenkindes als Mutter oder Vater eines Tierkindes zu sein. Ich habe gesehen, wie Kälber geboren wurden, und ich habe gesehen, wie sie nach ihrer Geburt innerhalb von Minuten aufstanden und herumliefen. Ihre Mütter mußten sie säugen, aber darüber hinaus hatten sie wenige Verpflichtungen. Den neugeborenen Kälbern wird man niemals etwas beibringen müssen. Sie werden »vorprogrammiert« geboren, mit allem, was sie jemals wissen müssen.

Aber bei menschlichen Neugeborenen liegen die Dinge ganz

40

anders. Es gehört zum Schmerz und zur Herrlichkeit des Menschseins, daß so weniges von unserem Verhalten vom Instinkt geregelt wird und so vieles erlernt werden muß. Im Gegensatz zu den Kälbern brauchte mein Enkel fast ein Jahr, um gehen zu lernen. Er wird einen bedeutenden Teil seines Lebens damit verbringen, die Dinge zu lernen, die er wissen muß. Zu irgendeinem Zeitpunkt wird es einen außergewöhnlichen Moment in seinem Leben geben, einen Augenblick, den keine andere Spezies jemals erleben kann: wenn er schließlich einsehen wird, daß man bestimmte Dinge von ihm erwartet, daß einige Dinge recht und andere unrecht sind. Dabei handelt es sich nicht bloß um eine Angelegenheit des Gelobt- oder Bestraftwerdens; Lob und Strafe verstehen auch Tiere. Es handelt sich um das Vernehmen einer Stimme in seinem Inneren, die nur menschliche Wesen hören können. Geradeso wie Hunde hohe Töne hören können, die wir nicht wahrnehmen, hören wir Rufe des Gewissens, für die Tiere taub sind. Dazu mag es bei meinem Enkel kommen, wenn er spontan ein Spielzeug mit einem anderen Kind teilt oder wenn jemand eines mit ihm teilt. Es mag geschehen, wenn man ihn dabei ertappt, wie er etwas Unrechtes tut, und ihm verzeiht und er dadurch lernt, daß Elternliebe beständig und verläßlich ist und ihm keineswegs jedesmal entzogen wird, wenn er auf Abwege gerät. Einiges von diesem erzieherischen Prozeß wird vielleicht wirkungslos bleiben und einiges schwierig sein. Aber das Ergebnis wird, so ist zu hoffen, jenes seltenste und wundersamste aller Geschöpfe sein: ein authentischer Mensch.

So wie Evas Nachkommen sich nicht auf eine problemlose Niederkunft und Kinderaufzucht freuen können, werden Adams Nachkommen sich nicht nur an den elterlichen Aufgaben beteili-

41

gen müssen (wie dies einige, aber nicht alle Männchen im Tierreich tun). Sie (und höchstwahrscheinlich auch ihre Frauen) werden arbeiten müssen. Für Menschen hat Arbeit genauso wie Sex eine zusätzliche Dimension, eine einzigartige menschliche Dimension. Shakespeare schrieb seine Bühnenstücke und Mozart seine Sinfonien, um Geld zur Ernährung der eigenen Familie zu verdienen, aber sie taten dies auch, um kreativ zu sein, um von ihrem Talent Gebrauch zu machen, um nach ihrem Ableben etwas von sich selbst zu hinterlassen. Vielleicht wurden sie dazu getrieben, etwas von sich selbst zu hinterlassen, weil sie wußten, daß sie eines Tages sterben würden. Man hat gesagt, daß ein Mensch drei Dinge in seinem oder ihrem Leben tun sollte: ein Kind zeugen, einen Baum pflanzen und ein Buch schreiben. Das heißt, wir bemühen uns, den Tod zu besiegen, indem wir uns mit vollem Einsatz für Dinge engagieren, die uns überdauern werden. Männer benennen ihre Firmen nach sich selbst. Sie verbringen Stunden mit der Arbeit für karitative Zwecke. Frauen – viele davon in verantwortungsvollen beruflichen Positionen mit hohen Anforderungen – haben den Vorsitz in Kirchen- und Synagogenkomitees, beschaffen Geld für die medizinische Forschung und melden sich freiwillig zur Liga der weiblichen Wählerschaft. Oft ist das harte und frustrierende Arbeit, aber sie tun sie, damit es sich in ihren Gemeinden besser leben läßt. Nur ein menschliches Wesen, dessen Vorfahren vom Baum der Erkenntnis von Gut und Böse aßen, kann begreifen, warum wir das tun.

Ich vertrete die Ansicht, daß die Geschichte vom Garten Eden kein Bericht darüber ist, wie Menschen für das Begehen eines einzigen Fehlers bestraft werden und das Paradies verlieren, weil sie nicht vollkommen waren. Es ist die Geschichte davon, wie die

42

ersten Menschen zu ihrer arteigenen Stufe aufsteigen, wie sie sich aus der relativ unkomplizierten Welt tierischen Lebens zur überaus komplizierten Welt des Menschseins entwickeln, in der einem bewußt ist, daß zum Leben mehr gehört als Essen und Sichpaaren, daß es solche Dinge wie Gut und Böse gibt. Sie treten in eine Welt ein, in der sie zwangsläufig Fehler machen werden, nicht weil sie schwach oder schlecht sind, sondern weil die Verhaltensalternativen, denen sie sich gegenübersehen, so schwierig sein werden. Aber die Befriedigungen werden nicht minder groß sein. Während Tiere nur nützlich und folgsam sein können, können Menschen gut sein. Die Geschichte vom Garten Eden ist keine Geschichte vom Sündenfall, sondern vom Auftauchen des Menschengeschlechts.

Ich glaube nicht, daß es sündig war, vom Baum der Erkenntnis zu essen. Ich glaube, daß dies eines der rühmlichsten und befriendsten Ereignisse in der Geschichte des Menschengeschlechts war. Gewiß, seine Folgen waren schmerzhaft, auf die gleiche Weise, wie das Erwachsenwerden und das Verlassen des eigenen Elternhauses schmerzhaft sein können, in der gleichen Weise, wie das Aufsichnehmen der Verantwortung für Ehe und Elternschaft schmerzhaft sein kann, so daß man sich womöglich am Ende fragt: »Warum hab' ich bloß mein weniger kompliziertes Leben für diese Probleme drangegeben?« Aber aus der Sicht desjenigen, der die vielschichtigen, schwerverdienten Befriedigungen menschlicher Existenz erlebt hat, gibt es keinen Zweifel, daß sich dafür die Schmerzen lohnen.

In der Geschichte vom Garten Eden ist die Frau nicht die negative Gestalt, die vermeintlich der Begehrlichkeit verfallen ist und Sünde und Tod in die Welt bringt. Man kann sie als die

43

Heldin der Geschichte ansehen, die ihren Mann in die schöne neue Welt moralischer Forderungen und moralischer Entscheidungen führt.

Und Religion ist nicht die nörgelnde Stimme der Verdammung, die uns sagt, daß der Normalzustand sündig und der gutgemeinte Fehler eine unverzeihliche Übertretung ist, welche uns für immer ruinieren wird. Religion ist die Stimme, die sagt: Ich werde euch durch dieses Minenfeld schwieriger moralischer Verhaltensalternativen führen und mit euch die Einsichten und Erfahrungen der größten Seelen der Vergangenheit teilen, und ich werde euch Trost und Vergebung anbieten, wenn ihr durch die schmerzhaften Entscheidungen, die ihr getroffen habt, in innere Bedrängnis geratet.

Zu sagen, daß Menschen unrechte Dinge tun, zu sagen, daß sie in weit schlimmerem Maße als jedes andere Geschöpf zu Grausamkeit und Betrug fähig sind, zu sagen, daß niemand jemals ein vollkommenes Leben führen wird, ebensowenig wie irgendein Baseballspieler jemals eintausend Punkte schlagen wird, ist eine Aussage über Menschen und die Vielschichtigkeit der Verhaltensalternativen, unter denen wir wählen müssen. Zu sagen, daß wir wegen unserer Sünden dazu bestimmt sind, Gottes Liebe zu verlieren oder in die Hölle zu kommen, ist keine Aussage über uns, sondern über Gott, über das Zögernde, Sondierende an Gottes Liebe und das Hypothetische, Zweifelhafte an Gottes Vergebung. Es ist eine Behauptung, daß Gott Vollkommenheit von uns erwartet und sich mit nichts Geringerem zufriedengeben wird. Mit der ersten Auffassung, von der Fehlbarkeit der Menschen, stimme ich überein. Die zweite lehne ich entschieden ab. Wenn ich zur Vergebung fähig bin, wenn ich bei guten

44

Menschen periodisch auftretende Schwächen oder in mir selbst und bei anderen fehlgegangene gute Vorsätze zu erkennen vermag, wie könnte dann Gott nicht wenigstens ebensogut dazu fähig sein?

WIE DIE GESCHICHTE HÄTTE AUSGEHEN KÖNNEN

Da sah die Frau, daß es köstlich wäre, von dem Baum zu essen, und daß der Baum eine Augenweide war, und die Schlange sagte zu ihr: »Eßt davon, denn sobald ihr davon eßt, werdet ihr so weise sein wie Gott.« Aber die Frau sagte: »Nein, Gott hat uns geboten, nicht davon zu essen, und ich werde gegen Gott nicht ungehorsam sein.«

Und Gott rief dem Mann und der Frau zu und sagte zu ihnen: »Weil ihr auf Mein Wort gehört habt und gegen Mein Gebot nicht ungehorsam wart, werde ich euch reich belohnen.« Zu dem Mann sagte Er: »Du wirst nie mehr arbeiten müssen. Verbringe all deine Tage in müßiger Zufriedenheit, mit Nahrung, die überall rings um dich wächst.« Zu der Frau sagte Er: »Du wirst ohne Schmerzen Kinder gebären, und du wirst sie ohne Schmerzen aufziehen. Sie werden nichts von dir brauchen. Kinder werden nicht weinen, wenn ihre Eltern sterben, und Eltern werden nicht weinen, wenn ihre Kinder sterben.« Zu ihnen beiden sagte Er: »Für den Rest eures Lebens werdet ihr einen vollen Bauch und ein zufriedenes Lächeln haben. Ihr werdet niemals weinen und niemals lachen. Ihr werdet euch niemals nach etwas sehnen, das ihr nicht habt, und ihr werdet niemals etwas bekommen, das ihr schon immer wolltet.« Und der Mann und die Frau, die täglich

45

von dem Baum des Lebens aßen und viele Kinder hatten, wurden zusammen alt in dem Garten. Und das Gras wuchs rings um den Baum der Erkenntnis von Gut und Böse in die Höhe, bis er aus dem Blickfeld verschwand, denn es gab keinen, der ihn pflegte.

Kapitel drei

Ich dachte,

ich müßte vollkommen sein

Die erste Erfahrung, die Adam und Eva machen, als sie in die Welt des Bescheidwissens über Gut und Böse eintreten, ist die Scham, die sie darüber empfinden, daß ihrer beider schlechtes Betragen offen zutage liegt. Ihre Nacktheit ist ein Symbol, eine physische Manifestation der Tatsache, daß sie zu einem Zeitpunkt gesehen werden, zu dem es ihnen lieber wäre, man sähe sie nicht. (Freud stellte die theoretische Überlegung an, daß der fast allgemein verbreitete Traum, in dem wir uns nur teilweise bekleidet den Blicken der Öffentlichkeit ausgesetzt sehen, ein symbolischer Ausdruck unserer Angst ist, daß Menschen uns als unzulänglich beurteilen würden, wenn sie uns kritisch prüften.) Eher als Schuld (»Wir haben etwas getan, was wir nicht hätten tun sollen«) empfinden sie Scham (»Man hält uns für schlechte Menschen«). Geradeso wie Jugendliche äußerst unsicher sind, davon überzeugt, daß jeder sie ansieht und ihr Aussehen, ihre Kleidung, ihr Haar beurteilt, haben Adam und

47

Eva, noch so wenig vertraut mit der Welt des vollen, erwachsenen Menschseins, dieses Gefühl, bloßgestellt und bewertet zu werden. Der biblischen Bildlichkeit entsprechend erkennen sie, daß sie nackt sind, und versuchen, sich zu bedecken. Die Bibel legt Wert darauf, uns mitzuteilen, daß sie, bevor sie vom Baum der Erkenntnis aßen, so nackt waren wie die übrigen Tiere auch und sich, wie die Tiere, nicht schämten. Aber sobald sie sich über die tierische Stufe erhoben und nachgerade begriffen, daß manche Dinge recht und manche unrecht sind, erlangten Sie ein Gefühl der Befangenheit, ein Gefühl, in einer Weise auf eine Norm festgelegt zu werden wie kein Lebewesen sonst. Es geht nicht etwa darum, daß es unmoralisch war, nackt zu sein, sondern eher darum, daß eine Person mit einem Moralempfinden das Gefühl kennt, prüfend betrachtet und beurteilt zu werden.

Als Charles Darwin die Welt des 19. Jahrhunderts mit seiner Theorie schockierte, daß Menschen und Affen eine gemeinsame Ahnenreihe hätten, fragte ihn jemand, ob es trotzdem noch etwas Einzigartiges am Menschen gäbe. Darwin antwortete: »Der Mensch ist das einzige Tier, das errötet.« Das heißt, menschliche Wesen sind die einzigen Geschöpfe, die dazu fähig sind, die Lücke zwischen dem, was sie sind, und dem Beschaffensein, das man von ihnen erwarten kann, zu erkennen und durch diese Lücke peinlich berührt zu sein.

Wir neigen dazu, mit den Worten *Schuldgefühl* und *Scham* mehr oder minder dasselbe auszudrücken, und gebrauchen sie als austauschbare Synonyme dafür, daß wir uns schlecht vorkommen. Aber Psychologen und Anthropologen halten sie auseinander: als Bezeichnungen für verschiedenartige Emotionen. Im wesentlichen betrachten sie Schuldgefühl als das Sich-schlecht-Fühlen

48

wegen dem, was man *getan oder nicht getan hat*; Scham hingegen besteht in dem Sich-schlecht-Fühlen wegen dem, was man, gemessen an irgendeinem Maßstab der Vollkommenheit oder Annehmbarkeit, *ist*. Die Differenzierung ist entscheidend, denn wir können leichter für die Dinge sühnen, die wir getan haben, als ändern, wer wir sind. Aber da die menschliche Natur nun einmal ist, wie sie ist, gehen wir so leicht vom einen zum anderen über. Wir hören die Kritik an etwas, das wir getan haben, und übersetzen sie in einen Kommentar darüber, was für ein Mensch wir sind. Wir setzen voraus, daß es unser Wert als Individuum und nicht bloß unser Verhalten ist, was beurteilt wird und den Ansprüchen nicht genügt. Das Schulkind setzt voraus, daß sein Zeugnis es als Individuum bewertet und nicht bloß seine Leistungen in Rechtschreibung und Mathe. Also bedeutet eine schlechte Note: »Ich bin schlecht«, und ein Ungenügend bedeutet: »Ich bin ein Versager«. Ein Kind hört zufällig seine Eltern sagen: »Sie ist so schüchtern im Umgang mit anderen Kindern«, »Er ist ein ganzes Stück kleiner als andere Jungen in seinem Alter«, und verspürt ein Gefühl der Scham, weil es die Eltern offenbar enttäuscht hat. Ich las kürzlich, daß die Veranstalter bei den Endrunden des Nationalen Rechtschreibwettbewerbs, wo die schulpflichtigen Rechtschreib-Asse des Landes zum Wettkampf antreten, ein »Trostzimmer« hatten einrichten müssen, das die Wettkampfteilnehmer aufsuchen können, um unbeobachtet zu weinen und ihre Frustrationen an einem Sandsack auszulassen, um zu versuchen, mit der Scham und dem Versagensgefühl fertig zu werden, die sich einstellen, wenn ihnen ein einziges Wort danebengegangen ist, nachdem sie Hunderte von Wörtern richtig buchstabiert haben. Das kann ich mir gut vorstellen. Bis zum heutigen Tag muß

49

ich mich jedesmal, wenn ich das Wort »judgment«[4] sehe, unwillkürlich daran erinnern, daß dies das Wort war, das ich vor beinahe fünfzig Jahren in der Eröffnungsrunde eines schulweiten Rechtschreibwettbewerbs verhaute, von dem ich zuversichtlich dachte, daß ich ihn gewinnen würde (wie Vizepräsident Quayle fügte ich nach dem »g« ein zusätzliches »e« ein), und ich empfinde noch immer die Enttäuschung über diesen Fehler.

Ich kann mich an so viele Gelegenheiten aus meinen Jugendjahren und meinem Leben als Erwachsener erinnern, an Gelegenheiten, bei denen ich mich schämte und fühlte, daß ich Menschen enttäuscht hatte, die mich beurteilten, und hinter dem zurückgeblieben war, was ich sein wollte – indem ich falsche Antworten gab, meinen Text in einem Theaterstück vergaß, in einem Spiel über die eigenen Füße stolperte oder mir ein peinlicher Versprecher unterlief. Was ich bemerkenswert finde, ist nicht, daß diese Dinge passierten – es wäre bemerkenswerter gewesen, wenn keines von diesen Dingen jemals passiert wäre –, sondern daß ich mich Jahre und Jahrzehnte später, nach einem an Leistungen und Genugtuung reichen Leben, noch immer an sie erinnern kann, und je länger ich darüber nachdenke, desto mehr kann ich mich an solche Momente noch erinnern, und sie haben noch immer die Kraft, weh zu tun.

Von Weltklassesportlern würde man eigentlich erwarten, daß sie sich in jedem Spiel, jeder Darbietung Vollkommenheit abverlangen. Aber Studien haben gezeigt, daß Sportler, die sich über ihre Fehler allzusehr aufregen (»Ich hab' den Kopf zu früh gehoben; ich hab' vergessen, mein Gewicht nach vorn zu verlagern; ich muß es diesmal richtig machen«), viel schlechter zurechtkommen als Sportler, die sich sagen: »Das war nicht beson-

50

ders gut; das nächste Mal mach' ich's besser.« Ich kann mich an hervorragende Sportler erinnern, deren Karriere ruiniert wurde, weil sie nicht darüber hinwegkommen konnten, daß sie in einem entscheidenden Moment *einen* Fehler gemacht hatten. 1986 brauchte ein hervorragender Entlastungswerfer der obersten Spielklasse, Donnie Moore von den California Angels, nur noch *ein* Aus, um seine Mannschaft in die US-Meisterschaftsspiele zu bringen. Statt dessen verschenkte er einen Homerun[5], der am Ende seine Mannschaft um den Sieg des Spiels und die Meisterschaft brachte. Wenige Jahre später nahm sich Donnie Moore tragischerweise das Leben; seiner Ansicht nach waren seine jahrelangen sportlichen Glanzleistungen durch diesen einen Fehler ausgelöscht. Und ich kann mich an andere erinnern, die ein derartiges Versagen verwinden konnten. Vor wenigen Jahren leistete sich Chris Webber, ein neunzehnjähriger College-Basketballspieler, einen groben Schnitzer, indem er eine Auszeit forderte, als seine Mannschaft bereits ihre sämtlichen Auszeiten genommen hatte, und dadurch in den letzten Sekunden eines knapp ausgehenden Spiels den Ballbesitz verlor. Aber Webber weigerte sich, sich durch diese eine Spielweise definieren zu lassen: Er kannte sich selbst gut genug, um zu glauben, daß er ein hervorragender Spieler würde sein können, wenn schon kein perfekter. Ein Jahr später war er Newcomer des Jahres im Profi-Basketball.

In ähnlicher Weise verlieren Leute, die eine Diät machen und sich wegen jeder Entgleisung ausschelten (»Was ist los mit mir? Wozu mußte ich diesen Nachtisch haben? Warum kann ich nie konsequent eine Diät einhalten?«), nicht so viel Gewicht wie jene, die sagen: »Na, wennschon – ein paar Tage strenge Diät gleichen das schon wieder aus.« Wenn wir uns in unserer eigenen inneren Einstellung von unseren schlechtesten Momenten definieren lassen anstatt von unseren besten, dann lernen wir, uns selbst eher für Menschen zu halten, die nie etwas richtig hinbekommen, als für tüchtige Menschen, die einen gelegentlichen, durchaus menschlichen Fehler begehen.

Wenn Religion uns lehrt, daß ein einziger Fehler ausreicht, um uns als Sünder zu definieren und der Gefahr auszusetzen, Gottes Liebe zu verlieren, wie dies Adam und Eva nach der traditionellen Auffassung der Geschichte widerfuhr, wenn Religion uns lehrt, daß schon zornige und lüsterne *Gedanken* sündig sind, dann halten wir alle uns schließlich für Sünder, weil mit dieser Definition jeder von uns wahrscheinlich täglich etwas Unrechtes tut. Wenn nur durch nichts geminderte Vollkommenheit es uns erlaubt, vor Gott zu stehen, dann wird dies keiner von uns tun, weil keiner von uns vollkommen ist. Unter dieser Definition der Sünde wird unser Leben von Schuld- und Angstgefühlen beherrscht sein, der Schuld an den Fehlern, die wir gemacht haben, und der Angst, noch einen weiteren zu machen. Und Schuldgefühl und Angst bringen in niemandem das Beste ans Licht. Sie treiben die Freude aus dem Leben und machen uns zu unangenehmen Zeitgenossen.

Aber wenn Religion uns lehrt, daß Gott die verwundete Seele liebt, die scharf getadelte Seele, die etwas über ihre eigene Fehlbarkeit und ihre eigenen Grenzen erfahren hat, wenn Religion uns lehrt, die herausfordernde Aufgabe, ein Mensch zu sein, sei so kompliziert, daß wir alle in dem Lernprozeß, wie man sie richtig bewältigt, Fehler machen werden, dann können wir dahin gelangen, unsere Fehler nicht als Kennzeichen unserer Unwürdigkeit

52

anzusehen, sondern als Erfahrungen, durch die wir lernen können. Wir werden tapfer genug sein, etwas Neues zu probieren, ohne Angst zu haben, daß es uns danebengeht. Unser Gefühl der Scham wird sich eher aus unserer Bescheidenheit ergeben, aus dem Kennenlernen unserer Grenzen, als aus unserem Bedürfnis, uns vor einer genauen Prüfung zu verstecken, weil wir schlecht zurechtgekommen sind.

Die Psychologen unterscheiden zwischen Schuldgefühl und Scham noch in anderer Hinsicht. Schuldgefühl, sagen sie, ist ein Urteil, das wir über uns selbst fällen. Es ist eine Stimme in unserem Kopf, die uns mitteilt, daß wir etwas Unrechtes getan haben. Scham ist ein Gefühl, von jemand anderem beurteilt zu werden. Sie ist eher visuell als auditiv, keine innere Stimme, sondern das Gefühl, bloßgestellt zu sein, von jemandem betrachtet und beurteilt zu werden, dessen Meinungen wir ernst nehmen. Scham ist das, was ein Mädchen fühlt, wenn niemand es zum Tanz auffordert, was ein junger Bursche verspürt, wenn er der letzte ist, den man bei einer Mannschaftsaufstellung auswählt. Schuldgefühl ist das Produkt eines individuellen Gewissens. Ein Psychopath, ein Mensch ohne Gewissen, wird schreckliche Dinge tun, ohne sich schuldig zu fühlen. Scham ist das Produkt einer Gemeinschaft. Wenn es uns egal ist, was andere Leute von uns denken, werden wir uns nicht schämen.

In gewisser Hinsicht hat das Empfinden von Schuldgefühl und Scham etwas Positives und Lebenswichtiges an sich. Schuldgefühl und Scham sind ein wesentlicher Bestandteil des Menschseins, und obwohl es oft schmerzhaft und problematisch ist, ein Mensch zu sein, kann es uns mit größter Genugtuung erfüllen, wenn wir uns der herausfordernden Aufgabe gewachsen zeigen.

Beurteilt zu werden bereitet uns möglicherweise Unbehagen, aber ignoriert zu werden, die Botschaft zu erhalten, daß keiner sich darum schert, was wir tun, weil nichts, was wir tun, besonders wichtig ist, kann in uns ein noch miserableres Selbstgefühl hervorrufen. Ein Kollege von mir sagt: »Der Zweck des Schuldgefühls liegt darin zu bewirken, daß wir uns aus den richtigen Gründen schlecht fühlen, damit wir uns dann aus den richtigen Gründen gut fühlen können.« Und der Psychiater Willard Gaylin schreibt: »Scham und Schuldgefühl sind für die Entfaltung von einigen der vorzüglichsten Eigenschaften des menschlichen Potentials erforderlich … Sie sind keine nutzlosen Emotionen. Sie geben uns ein Zeichen, daß wir Verhaltensregeln übertreten haben, die wir uns persönlich zu eigen machen wollen.« Wenn der Mensch das einzige Lebewesen ist, das errötet, dann ist eine Person, die keine Scham empfinden kann (wie Adam und Eva, bevor sie vom Baum der Erkenntnis aßen), weniger als völlig menschlich.

Aber in übertriebener Form sind Scham- und Schuldgefühle nicht mehr heilsam: Dann werden sie schädlich. Man hat gesagt: »Ein empfindliches Gewissen ist ein vorzüglicher Diener, aber ein schrecklicher Herr.« Wir wollen beurteilt werden, weil beurteilt werden bedeutet, ernst genommen zu werden, und nicht beurteilt werden bedeutet, ignoriert zu werden. Aber gleichzeitig haben wir Angst davor, daß man uns beurteilt und Fehler an uns entdeckt, uns weniger als vollkommen findet, denn unser Geist übersetzt »unvollkommen« mit »nicht akzeptabel, nicht wert, geliebt zu werden«. Bereitwillig und allzu leicht übersetzen wir »Ich habe einiges falsch gemacht« mit »Ich bin ein Mensch, der ständig etwas falsch macht«, und dies letzten Endes mit »Jeder,

54

der mich wirklich kennenlernt, wird feststellen, daß ich schlecht bin, und mich ablehnen«. Manche von uns sind nachgerade so von dem Gedanken besessen, unbedingt vollkommen sein zu wollen, versteifen sich so darauf, aus Selbstschutz zu lügen und jemanden aufzutreiben, dem man die Schuld zuschieben kann, sind so entschlossen, niemals in einer Auseinandersetzung den kürzeren zu ziehen, daß sie nicht bemerken, wie verhaßt sie sich damit machen. Wir verdammen uns zu der unbequemen Haltung, ständig jemanden zu spielen, der wir in Wirklichkeit nicht sind, jemand Makellosen und Vollkommenen, weil wir glauben, dies tun zu müssen, um liebenswert zu sein. Wir reagieren übertrieben auf die gelindeste und harmloseste Kritik, als ob damit unser Eigenwert angegriffen würde. Die Bestsellerautorin Deborah Tannen erinnert sich, wie während eines Interviews der Fotograf, der von ihr Aufnahmen machen sollte, erkannte, daß er nicht das richtige Objektiv hatte. Anstatt zuzugeben, daß er es vergessen hatte, erklärte er: »Das Objektiv ist nicht mit dabei.« Ich frage mich, was seiner Meinung nach an Schrecklichem hätte passieren können, wenn er zugegeben hätte, daß ihm ein Fehler unterlaufen war.

Wir müssen lernen, daß es mehr Bewunderung erweckt, zu sagen: »Tut mir leid! Das hab' ich vermasselt«, als zu sagen: »Macht nicht mich dafür verantwortlich; es war die Schuld von jemand anderem.« John F. Kennedy, der zuversichtlich auf seine Fähigkeit baute, die Menschen dazu zu bringen, ihn zu lieben, konnte die Verantwortung für die gescheiterte Invasion Kubas übernehmen, und die Nation bewunderte ihn deswegen. Richard Nixon, der sich trotz seiner vielen großen Leistungen nie seiner Fähigkeit sicher war, Zuneigung zu erwecken, zog es vor, die Watergate-

55

Ermittlungen zu »hintertreiben«, und mußte schließlich das Weiße Haus in Schande räumen.

Die Frage ist nicht, ob wir Fehler machen werden oder nicht, ob uns von Zeit zu Zeit einige wichtige Dinge danebengehen werden oder nicht, und wir uns deswegen schrecklich fühlen werden. Selbstverständlich wird es dazu kommen. Jeder, der die moralischen Forderungen eines menschlichen Lebens ernst nimmt, wird sein Quantum an Fehlern machen. Die Frage ist: Wie sollen wir mit unserer Unvollkommenheit, unserem Gefühl der Unzulänglichkeit umgehen? Wie befreit man sich von Schuldgefühl? Wie kuriert man Scham?

Ich schätze und befürworte Religion als eine elementare Quelle spiritueller Nahrung und bin daher äußerst schmerzlich davon berührt, daß so viele religiöse Wortführer dazu neigen, unsere Anfälligkeit für Schuldgefühl und Scham geschickt zur Kontrolle unseres Verhaltens auszunutzen. Sie lehren uns, daß normale sexuelle Handlungen und Gedanken im Jugendalter (und danach) sündig sind. Sie weisen warnend darauf hin, daß normale Gefühle wie Stolz und Zorn zu den Sieben Todsünden zählen. (Ein mit mir befreundeter Therapeut hatte als Klientin eine fromme Baptistin aus dem Süden, die es sich nicht erlaubte, zornig zu werden, ganz gleich, wie schlecht man sie behandelte, weil sie glaubte, daß Zorn eine Sünde sei. Der Therapeut wies sie an, die Bibel durchzulesen und alle Textstellen aufzuschreiben, in denen Gott oder Jesus zornig wird.) Sie nagen an unserem Empfinden, wir kümmerten uns nur unzulänglich um unsere Eltern und erfüllten bei unseren eigenen Kindern nur unzulänglich unsere Elternrolle, indem sie etwa sagen: »Weshalb kann *eine* Mutter für vier Kinder sorgen, aber vier Kinder nicht für *eine* Mutter?«

56

Es amüsiert mich immer wieder, wenn ich Protestanten, Katholiken und Juden über die Frage wetteifern höre, wessen religiöse Erziehung mehr Schuldgefühl hervorrief. Die Antwort ist, daß keine dieser Religionen normale Menschen dazu bringt, sich schuldig zu fühlen, wenn Religion auf angemessene Weise unterrichtet und auf angemessene Weise verstanden wird, wenn sie in bezug auf uns realistische Erwartungen hat und uns mit einem liebevollen Gott bekannt macht; und jede von ihnen bringt uns dazu, uns schuldig zu fühlen, wenn Religion unsere unvermeidlichen menschlichen Unzulänglichkeiten dazu benutzt, unsere Emotionen zu manipulieren und uns das Gefühl zu geben, unwürdig zu sein. Richtig verstandene Religion ist das Mittel gegen Schuld- und Schamgefühle und nicht deren Ursache.

Die echte religiöse Frage ist nicht jene, die Adam und Eva in den Sinn gekommen sein mag: »Warum haben wir das getan, wo Gott doch wollte, daß wir es nicht tun?« Die echte religiöse Frage ist: Was machen wir mit unseren Gefühlen der Unzulänglichkeit, wenn wir Gott enttäuscht haben? Wohin bringen wir unsere zerbrochene Seele, um sie reparieren zu lassen? Wie wappnen wir uns gegen das gefürchtete Gefühl, geprüft zu werden und den Ansprüchen nicht zu genügen?

Gewiß, Religion kann uns veranlassen, uns schuldig zu fühlen, indem sie uns Normen setzt, Ideale aufstellt, an denen wir uns messen können. Aber ebendieselbe Religion kann uns dann in unserer Mangelhaftigkeit willkommen heißen. Sie kann uns mit der Botschaft trösten, daß Gott das gebrochene und zerknirschte Herz, das die eigenen Versäumnisse und Schwächen kennt, dem selbstzufriedenen und überheblichen Herzen vorzieht, das von sich behauptet, nie geirrt zu haben. Bibelgelehrte schreiben über

57

die sich gegenseitig ergänzenden Funktionen von Prophet und Priester im israelitischen Volk. Der Prophet zeigte in der Regel die Unzulänglichkeiten der Menschen auf und bedrängte sie zu bereuen, indem er sie vor Gottes Urteil warnte und zu ihnen im Namen Gottes sprach: »Ich werde euch nur lieben, wenn ihr dessen würdig seid, wenn ihr euer Verhalten ändert und meine Liebe verdient.« Im Vergleich dazu bot der Priester eine mildere, verzeihendere Liebe an: Ganz gleich, was ihr getan habt, ihr seid hier immer willkommen. (Das erinnert an die Verszeilen des Dichters Robert Frost: »Zu Hause bist du, wo man dich, wenn du dort hingehn mußt, / hereinlassen muß.«) Der Prophet tadelte die Sünder scharf, der Priester lud sie herzlich zum Altar ein. Wir brauchen beides, wie das alte Israel beides brauchte. Wir brauchen die fordernde Stimme des Propheten, damit sie uns auf hohe Normen festlegt: So können wir wachsen und all das sein, wozu wir fähig sind. Wir brauchen die ausdrückliche Zusicherung, daß Gott uns liebt, weil wir tatsächlich liebenswerte Menschen sind, weil wir der Liebe würdig sind, weil wir sie verdient haben. Und wir brauchen die tröstende Stimme des Priesters, damit sie uns beruhigt: Selbst wenn wir unserem Gefühl nach nicht würdig sind, geliebt zu werden, liebt Gott uns so oder so, weil Er ein liebevoller, verzeihender Gott ist, der uns zu gut kennt, um mehr von uns zu erwarten, als wir zu sein fähig sind.

Vor mehreren Jahren lud man mich ein, im Johns-Hopkins-Klinikzentrum in Maryland zu sprechen. Man bat mich, mittags zum Fachpersonal – den Ärzten, Schwestern, Kaplänen, Sozialarbeitern – zu sprechen und dann abends eine öffentliche Vorlesung zu halten. Nach meiner mittäglichen Rede vor dem Personal trat der Leiter des seelsorgerischen Dienstes an mich heran und sagte:

58

»Rabbi Kushner, wir haben hier einen Patienten in der Klinik, der Sie sehr gern kennenlernen würde. Er hat gehört, daß Sie hierherkommen würden, er hat alle Ihre Bücher gelesen und davon profitiert, und er möchte bloß, daß man ihm die Möglichkeit gibt, mit Ihnen zu reden. Bitte, verstehen Sie mich recht: Sie sind selbstverständlich nicht dazu verpflichtet, ihn zu besuchen. Wenn Sie's lieber nicht wollen, dann sag' ich ihm, daß Sie müde waren und Ihr Terminplan es nicht erlaubt hat. Er ist ein zweiunddreißigjähriger Episkopalgeistlicher, und er stirbt an Aids.«

Ich erklärte mich bereit, ihn zu besuchen. Der Kaplan führte mich einen Flur entlang und in ein Zimmer, in dem ich eine bleiche, ausgezehrte Gestalt in einem Bett liegen sah, die an mehrere intravenöse Schläuche angeschlossen war. Ich stellte mich vor und fragte ihn, wie es ihm ginge. »Nicht besonders gut«, sagte er mir, »aber ich gewöhn' mich dran.« Ich fragte ihn: »Machen Sie sich irgendwelche Sorgen, daß Sie womöglich ohne Gott sterben könnten? Daß Ihre Krankheit in irgendeiner Weise eine Strafe von Gott sein könnte, für etwas, das Sie getan haben?« Er schaute zu mir auf und sagte: »Nein, ganz im Gegenteil. Das einzig Gute, was sich aus dieser Sache ergeben hat, ist, daß ich herausgefunden habe, daß etwas, woran ich immer glauben wollte, tatsächlich wahr ist. Ganz gleich, wie sehr ich mein Leben womöglich versaut habe, Gott hat mich nicht aufgegeben. Ich habe hier in diesem Krankenhauszimmer Seine Gegenwart gespürt. Er kann mich auch dann noch lieben, wenn es mir selbst schwerfällt, mich zu lieben.«

Er hielt inne, um seine Kräfte zu sammeln, und fuhr dann fort. »Als ich klein war, dachte ich, daß ich vollkommen sein müßte, denn nur dann würde man mich lieben. Meine Eltern haben mir diese Botschaft vermittelt – jedesmal mit Liebesentzug gedroht, wenn ich sie kränkte. Meine Lehrer in der Schule haben mir diese Botschaft vermittelt. Meine Lehrer in der Sonntagsschule haben diese Lektion untermauert. Wir gingen in keine von diesen Höllenfeuer-und-Schwefel-Kirchen, aber wir erfuhren eine Menge darüber, welch großen Schmerz wir Gott jedesmal bereiteten, wenn wir sündigten, und das war meiner Meinung nach genauso schlimm, besonders in Anbetracht des Sündenkatalogs, den man uns eintrichterte.

Ich gab mir so große Mühe, vollkommen zu sein, damit meine Eltern, meine Lehrer und Gott mich lieben würden. Ich bin Geistlicher geworden, teilweise wohl, weil ich insgeheim hoffte, die Leute dächten dann, ich sei moralisch vollkommen, und würden mich deswegen lieben. Aber jedesmal, wenn ich etwas tat, von dem ich wußte, daß es unrecht war, und jedesmal, wenn ich log, um mein Verhalten zu decken, haßte ich mich, weil ich ein solcher Heuchler war, und ich war mir sicher, daß Gott mich genauso verachtete wie ich mich selbst.

Aber seit ich in diesem Krankenhausbett liege, in dem Bewußtsein, daß ich bald sterben werde, ist mir klargeworden: Gott weiß, wie ich bin, und Er verabscheut mich nicht, also muß ich mich nicht selbst verabscheuen. Gott weiß, was ich getan habe, und Er liebt mich so oder so. Ich verlasse bald das Krankenhaus, nicht weil es mir bessergeht, sondern weil sie nichts mehr für mich tun können und sie das Bett für jemanden brauchen, dem sie helfen können. Ich weiß nicht, ob meine Gemeinde mich wieder einstellen wird, jetzt, wo sie wissen, daß ich schwul bin und Aids habe und sterbe. Ich hoffe, daß sie's tun, denn es gibt noch eine letzte Predigt, die ich vor ihnen halten möchte. Ich muß die Lektion mit

60

ihnen teilen, die ich aus meiner Krankheit gelernt habe: Ihr müßt nicht vollkommen sein. Tut einfach euer Bestes, und Gott wird euch so akzeptieren, wie ihr seid. Erwartet nicht von euren Kindern, daß sie vollkommen sind. Liebt sie wegen ihrer Fehler, wegen ihres Sichbemühens und Strauchelns, genau so wie unser Vater im Himmel *uns* liebt.«

An der Supermarktkasse fallen mir fünf Frauenzeitschriften ins Auge, die auf ihrem Titelblatt Diätratschläge offerieren. Ich sehe die weiter vor mir in der Schlange anstehende Frau, die ebendiese Titelseiten nachdenklich betrachtet, und ich frage mich, was ihr dabei wohl durch den Kopf geht. Kommt sie sich minderwertig vor, weil sie sich mit ihrer Figur nicht als Modemodel eignet? Ist sie das Opfer eingehämmerter Denkklischees und fühlt sich demzufolge als Person unzulänglich, weil sie nicht den gesellschaftlichen Erwartungen von Attraktivität gerecht wird? Oder ist sie klug genug, um sich daran zu erinnern, daß Alter und Genetik jedem von uns üble Streiche spielen? Falls die Frau in der Reihe vor mir geschieden ist, hat sie möglicherweise das Gefühl, daß nicht ihre Ehe gescheitert ist, sondern daß *sie* gescheitert ist, weil sie nicht die perfekte Sexpartnerin war, die sie hätte sein sollen – ein Gefühl, das dadurch verstärkt wird, daß die Zeitschriften meistens suggerieren, Frauen seien für die emotionale Intaktheit einer Beziehung verantwortlich. Schlimmstenfalls wird sie aus einem Gefühl der Scham, daß ihr Körper nicht so vollkommen ist wie die Körper der Models und Filmstars, die man ihr als Prototypen hinstellt, in die Anorexie oder Bulimie getrieben, die beide in aller Regel spezifisch weibliche Leiden sind.

Psychologen vermuten, daß Anorexie, bei der man sich bis zum

61

Krankwerden und manchmal bis zum Tode aushungert, von einem Gefühl des Selbst-Abscheus, einem Ekel vor dem eigenen Körper, herrührt. Frauen hassen ihren Körper, schämen sich ihres Körpers, weil die Gesellschaft ihnen beigebracht hat, daß sie nach ihrer äußeren Erscheinung bewertet werden. Ihr Aussehen definiert, wer sie sind. Versammeln Sie aufs Geratewohl hundert Frauen, und fragen Sie sie, was sie zu ihrem Aussehen, ihrem Haar, ihrer Figur meinen, und ich würde schätzen, daß 95 bis 100 von ihnen auf Grund irgendeines »Makels« unzufrieden sind. Ich habe ausgesprochen attraktive Frauen gekannt, die wegen einer Gewichtszunahme von fünf Pfund oder eines kaum sichtbaren Schönheitsfehlers deprimiert wurden. Ganze Industriezweige – Mode, Kosmetik, Parfüm, kalorienarme Nahrungsmittel, Diät-Bestseller, plastische Chirurgie, Abspeckkliniken – basieren voll und ganz auf der Tatsache, daß sich Frauen ihrer äußeren Erscheinung schämen, und hängen bis zu einem Grade davon ab, der einen auf den Gedanken bringen könnte: Wenn all die Frauen in Amerika eines Morgens mit einem guten, zufriedenen Selbstgefühl aufwachen sollten, würde die amerikanische Wirtschaft zusammenbrechen.

Und im Kern all dieser Scham sitzt die Vorstellung, daß eine Frau, will sie akzeptabel sein, liebenswert sein, an irgendeinen unrealistischen Vollkommenheitsstandard heranreichen muß (während es sich traurigerweise in Wirklichkeit nach wie vor so verhält, daß Frauen, die sich selbst mögen und sich als die Person wohl fühlen, die sie sind, eine viel angenehmere Gesellschaft abgeben als Frauen, die sich ständig selbst heruntermachen und ihre Gefühle der Enttäuschung in sich zu verbergen suchen).

Gibt es ein männliches Gegenstück zur Anorexie? Was treibt

62

Männer zu selbst-verabscheuendem und selbstzerstörerischem Verhalten? Nun, wie die Gesellschaft Frauen beibringt, sich ihrer selbst zu schämen, weil sie zu dick oder unattraktiv sind, bringt sie den Männern bei, sich zu schämen, weil sie nicht genug Geld verdienen. (Und jetzt, wo zunehmend mehr Frauen in die Geschäftswelt eintreten, lernen auch sie, innerlich von sich enttäuscht zu sein, weil sie finanziell keinen Erfolg haben.) Für jede Frauenzeitschrift mit einem Artikel über Gewichtsabnahme gibt es ein an Männer adressiertes Buch darüber, wie man ein besserer Verkäufer oder eine erfolgreichere Führungskraft wird. Und für jede Schauspielerin im Fernsehen oder in der Filmbranche, mit schönem Haar und tadelloser Figur, gibt es ein männliches Pendant in einem maßgeschneiderten Anzug, das einen teuren Wagen fährt. Ich verbrachte einmal ein paar Tage in Houston, Texas, und lernte dort Ärzte und leitende Versicherungsangestellte mit sechsstelligen Jahreseinkommen kennen, die sich zur unteren Mittelklasse zählten, weil sie keine Ölmillionäre waren.

In Scham zerfließende Frauen hungern sich aus, tragen unbequeme Kleidung und Schuhe, unterziehen sich chirurgischen Eingriffen, weil man ihnen beigebracht hat, ihren Körper als nicht gut genug zu hassen. Männer treiben sich bis an den Rand des Zusammenbruchs zur Arbeit an, trinken zuviel oder verfolgen andere – Frauen, Schwule, Juden, Schwarze, Ausländer – mit dem Haß, den sie gegen sich selbst hegen, weil die Gesellschaft ihre Erwerbsfähigkeit bewertet und sie als Versager gebrandmarkt hat. Typischerweise kehren die Frauen ihre Wut gegen sich selbst; Männer kehren sie entweder gegen sich selbst (durch übermäßiges Trinken oder selbstverursachte Gesundheitsprobleme) oder finden ein Opfer, das sie verantwortlich machen können.

63

Scham und Schuldgefühl bringen ihnen bei, innerlich von sich selbst enttäuscht zu sein, und treiben sie dazu, jeden zu hassen, der es besser hat als sie, und jeden zu verachten, dem es schlechter geht. Und da wundern wir uns noch, warum die Menschen so einsam und so verbittert sind und warum die Gesellschaft auseinanderbricht.

Aber wenn Scham gleichbedeutend damit ist, daß wir uns schlecht fühlen wegen dem, was wir *sind*, wie können wir dann die Scham kurieren? Der Schlüssel scheint darin zu liegen, daß man erlebt, wie einem jemand, dem man vertraut und den man respektiert, die Botschaft übermittelt, man verdiene es, als Person ernst genommen zu werden. Im Idealfall sollten wir diese Botschaft von unseren Eltern erhalten, und zwar gleich vom Tag unserer Geburt an. Manche Kinder, die dieses Gefühl des Akzeptiertseins und Eigenwerts von ihren Eltern nicht bekommen, haben möglicherweise immerhin das Glück, einen Lehrer oder Betreuer zu finden, der ihnen gibt, was sie brauchen. Wenn wir Geschichten von Menschen lesen, die in extrem nachteilige Verhältnisse hineingeboren wurden (sei die Benachteiligung nun finanzieller oder emotionaler Art), um dann offenkundig ein erfolgreiches Leben zu führen, so haben sie alle eines gemeinsam: daß sich irgendwo auf ihrem Weg jemand ihrer annahm und an sie glaubte.

In dem ergreifenden kleinen Buch *Zufallswerke der Güte* erzählt eine anonyme Beiträgerin ihre Geschichte: »Ich wuchs in dem auf, was wir heute eine funktionsgestörte Familie nennen würden. Meine Eltern waren materiell ziemlich gutsituiert, aber wir lebten inmitten von emotionalem Chaos und Verwirrung in einem no-

64

blen Vorort von Philadelphia. Wie es bei den meisten Kindern der Fall ist, nahm ich einfach an, daß dies eben der Normalzustand sei und ich aus irgendeinem Grund an den Problemen, den unterschwelligen Signalen von Ärger und Feindseligkeit schuld sei. Eines Tages – ich war noch sehr klein – nahm mich unser Dienstmädchen beiseite, um mit mir zu reden, nachdem es zwischen meinen Eltern und mir zu einer besonders schmerzhaften und verwirrenden Reihe von Vorfällen gekommen war. Sie sagte mir, daß es ihr egal sei, ob es sie ihre Stellung kosten würde, aber sie könne einfach nicht länger zusehen und stillhalten. Sie sagte mir, daß meine Eltern verrückt seien, daß sie sich sehr schlimm aufführten, überhaupt nicht so, wie sich gute, liebevolle Eltern ihren Kindern gegenüber verhalten sollten. Sie sagte mir, daß ich ein braves, liebes Mädchen sei und daß ich an der Situation keine Schuld hätte … Das war ein riesiges Geschenk. Ihre Worte lieferten mir die Erklärung, die ich brauchte, die Möglichkeit, damit aufzuhören, alles mir selbst anzulasten.« Weil die Scham aus unserer Vorstellung von dem erwächst, was andere Menschen von uns halten, ist diese Botschaft der Akzeptierung und der Bestätigung des Eigenwerts oft alles, was wir brauchen, um die Scham zu überwinden.

Als ich vor einigen Jahren durch das Land reiste und über mein Buch *Wer Gott braucht* sprach, das davon handelt, was uns das Religiössein einbringt, machte ich eine sehr interessante Beobachtung. In praktisch jedem Rundfunk- und Fernsehstudio, das ich besuchte, nahm mich, nachdem ich über die Vorteile des Religiösseins gesprochen hatte, jemand – eine Interviewerin, ein Produzent, ein Kameramann – beiseite und teilte mir vertraulich mit: die inspirierendste religiöse Erfahrung, die er oder sie ge-

65

macht habe, habe sich nicht im kirchlichen Sakralraum am Sonntagmorgen zugetragen, sondern quasi im kirchlichen Kellergeschoß, bei einem Treffen der Anonymen Alkoholiker oder einer Zusammenkunft zu irgendeinem anderen Zwölf-Stufen-Programm. Was dort mit ihnen geschehen sei, habe etwas tief Religiöses an sich gehabt. Ich fragte sie, ob sie mir genau benennen könnten, was denn nun eigentlich so hilfreich war, und das Wort, das sie mir regelmäßig präsentierten, lautete »Akzeptierung«. Die Botschaft, die sie im Sonntagmorgen-Gottesdienst vernahmen, bestand darin: Alles, was sie sich zuschulden kommen ließen, trenne sie von Gott, und allein Gottes Gnade und Großzügigkeit könne sie vor der Hölle bewahren. Die Botschaft, die sie am Mittwochabend aus der Versammlung mit dem Zwölf-Stufen-Programm lernten, lautete sinngemäß: »Ich bin nicht o. k., und du bist nicht o. k., aber das ist schon o. k.« Nichts, was sie taten, könne sie von Gott trennen.

Eine Frau erzählte mir, daß sie an einer Selbsthilfegruppe für zwanghafte Esser teilnehme und dort eingestanden habe, sie fische Nahrungsreste aus dem Mülleimer, nachdem ihre Familie zu Bett gegangen sei. Anstatt ihr zu sagen: »Das ist krankhaft; du hast da ein echtes Problem«, wie ihre Freunde es taten, reagierten die anderen Gruppenmitglieder so: »Ja, Jean, so was haben wir auch gemacht, und wir wissen, wie schrecklich man sich dabei fühlt. Es läuft immer auf einen Kampf hinaus, aber du kannst lernen, dich zu beherrschen.«

Die Gruppe bot nicht gemeinsam geteilte Stärke, sondern gemeinsam geteilte Schwäche an, »das in aller Offenheit ausgetauschte Eingeständnis beiderseitiger Verwundbarkeit«: Sie erlangen in so einer Gruppe die erlösende Gewißheit, daß andere

66

Menschen – nette, achtbare, attraktive Menschen – mit den gleichen Dämonen kämpfen wie Sie selber und daß Sie füreinander werden tun können, was jeder einzelne von Ihnen unmöglich für sich selbst tun könnte. Wie es ein genesender Alkoholiker formulierte: »Die Therapie bot mir Erklärungen an; die auf religiöser Basis arbeitende Selbsthilfegruppe bot mir Vergebung an.« Er gebrauchte das Wort »Vergebung« nicht im üblichen Sinn; die anderen Mitglieder seiner Anonyme-Alkoholiker-Gruppe waren ja nicht die Menschen, die er mit seinem zwanghaften Trinken verletzt hatte. Die von der Kirche geförderte Gruppe bot ihm nicht die Vergebung seiner Taten an. Sie bot Akzeptierung an, Vergebung dafür, daß er ein mit Fehlern behafteter, unvollkommener, schwacher Mensch war. Sie bot ihm an, was die Synagoge ihren Gottesdienstbesuchern am Versöhnungstag als erneut bekräftigte Versicherung anbietet: Wenn du deine Anmaßungen und Rechtfertigungen fallenläßt und nackt und verwundbar vor Gott stehst; wenn du deine Versäumnisse und Schwächen zugibst – und damit einen ersten Schritt unternimmst, etwas dagegen zu tun –, wird Gott dich nicht als ein mit Fehlern behaftetes Exemplar ablehnen. Du wirst in Seinen Augen immer angenommen sein.

Die beste Zusammenfassung dieses religiösen Standpunkts, die ich je zu sehen bekam, bestand aus sechs Worten auf einem Autoaufkleber: *Gott liebt dich so oder so.* Man braucht nicht zu versuchen, Gott zu täuschen, wie Adam und Eva dies taten, indem man anderen die Schuld gibt, indem wir behaupten, daß wir nichts dafürkonnten oder durch irgendeinen Trick dazu gebracht wurden. Gott kennt uns zu gut, um sich täuschen zu lassen. Er weiß, was wir vorhaben und tun, und Er liebt uns so oder so. Das heißt nicht, daß Gott nichts daran liegt, ob wir richtig handeln oder nicht. Es liegt Ihm sehr, sehr viel daran; und daß es Gott ein Herzensanliegen ist, verleiht unseren moralischen Verhaltensalternativen kosmische Bedeutung. Aber Gott kennt den Unterschied zwischen der Handlung, die unrecht ist, und dem Menschen, der sie begeht: Dieser wird durch sie nicht zu einer verlorenen Seele. Hier geht es um mehr als das bloße »die Sünde hassen, aber den Sünder lieben«. Gott verurteilt die Sünde, aber Er liebt den Menschen, der sie beging, zu sehr, um ihn als Sünder zu brandmarken. Gott ist möglicherweise über manches enttäuscht, was wir tun; Er ist niemals von dem enttäuscht, wer wir sind – fehlbare Menschen, die mit Begleiterscheinungen des Wissens um Gut und Böse zu kämpfen haben.

Auch die Helden der Bibel sind nicht vollkommen. Ihre großen Glaubenstaten überragen ihre Fehler, aber alle begehen ihren Teil an Fehlern, weil sie menschliche Wesen sind, keine mythischen Vorbilder der Vollkommenheit. Abraham schickt seine Frau und seinen Sohn[6] fort und riskiert, daß sie in der Wüste verhungern; und er bringt seine andere Frau[7] in Gefahr, indem er sie, um sich selbst zu retten, anstiftet, über sich die Unwahrheit zu sagen.[8] Aber Abraham wird »der Freund Gottes« genannt. Moses verliert angesichts des Volks, das er eigentlich führen soll, wiederholt die Beherrschung, aber Moses wird ein vertrauter Umgang mit Gott gewährt, den so kein anderer Prophet erlebt. David begeht Ehebruch mit einer verheirateten Frau und sorgt dafür, daß ihr Mann umkommt[9], aber Gott liebt David so wie keine andere von den biblischen Gestalten. Wer behauptet, vollkommen zu sein, ohne Mangel oder fehlerhaften Zug, der behauptet, wie Gott zu sein. Wer seine Mängel nur zu gut kennt, ist offen für Gottes Liebe und Gottes Gegenwart, weil er einsieht, daß er nicht Gott ist. Mit den

68

Worten der Autoren Ernest Kurtz und Katherine Ketcham: »Unvollkommenheit ist die Wunde, durch die Gott Einlaß findet.«
Mit einem Gefühl der Erleichterung – und nicht widerwillig, mit dem Gefühl, es handele sich dabei um einen Kompromiß – sollten wir zu dem Schluß kommen, daß wir nicht vollkommen sind und dies niemals sein werden. Wir geben uns jedoch nicht mit der Mittelmäßigkeit zufrieden. Wir begreifen unser Menschsein und machen uns klar: Für uns als menschliche Wesen sind die Situationen, denen wir uns gegenübersehen, derart vielschichtig, daß man auf keinen Fall von irgend jemandem erwarten kann, er werde sie immerzu auf die rechte Art bewältigen. Der Psychiater David Burns schreibt über einen prominenten Anwalt, der große Angst davor hatte, er könnte einmal eine Streitsache verlieren, weil er befürchtete, seine Kollegen würden ihn nicht mehr achten, wenn er nicht absolut perfekt wäre. Als er schließlich einen Fall verlor, stellte er zu seiner Überraschung und Erleichterung fest, daß ihn seine Kollegen lieber mochten, wenn er weniger perfekt war, weniger auf Perfektion versessen, und damit menschlicher.
Wenn wir uns fürchten, einen Fehler zu begehen, weil wir den Anschein der Vollkommenheit aufrechterhalten müssen, weil wir uns noch immer an den bitteren Geschmack elterlicher Enttäuschung, der Kritik oder des beißenden Spotts eines Lehrers erinnern, die wir jedesmal auf uns zogen, sobald wir etwas falsch machten, werden wir nie genügend Mut aufbringen, irgend etwas Neues oder Reizvolles zu versuchen. Wir werden nur Dinge tun, die uns garantiert nicht danebengehen. Wir werden niemals lernen; wir werden niemals wachsen.
Wenn unsere Eltern mit unseren Fehlern nicht umgehen können, wenn es ihnen Mühe macht, uns trotz unserer Unvollkommenhei-

ten zu lieben, dann vielleicht deswegen, weil wir für sie vollkommen sein müssen, damit wir ihnen Ehre machen. Wenn unsere Lebensgefährten fortwährend auf unseren Fehlern herumreiten, dann vielleicht deswegen, weil sie wollen, daß wir Fortschritte machen, und keine bessere Möglichkeit kennen, wie man das in die Wege leitet. Wenn Freunde unversöhnlich sind und uns wegen unserer Fehler ablehnen, dann vielleicht deswegen, weil unsere Fehler sie an einer besonders verletzbaren und empfindlichen Stelle berührt haben. Gott hingegen hat es nicht nötig, daß wir *Seinen* Bedürfnissen entsprechen. Seine in uns gesetzten Erwartungen sind realistischer als die der Menschen um uns. Gott liebt die übergewichtige Frau ebensosehr wie die schlanke, den tolpatschigen Burschen ebensosehr wie den sportbegabten, den frustrierten Verkäufer ebensosehr wie seine erfolgreicheren Konkurrenten. Genaugenommen liebt Gott die ersteren möglicherweise mehr – aufgrund all des Leids, das sie, Seine Kinder, durch andere Seiner Kinder erduldet haben, und weil Scham, »die Wunde, durch die Gott Einlaß findet«, den Panzer perfektionistischen Anscheins durchbrochen und ihre Seelen Seiner Gegenwart geöffnet hat. Gott akzeptiert uns so, wie wir sind, und mit dieser Akzeptierung beginnt der Prozeß, in dem wir unsere Scham heilen, denn erst wenn wir wissen, daß wir akzeptierbar und liebenswert sind, werden wir die Dinge, die wir an uns selbst nicht mögen, ändern können.

Wie kann Religion uns helfen, uns über unsere Schuldgefühle zu erheben? Wie bringt sie diese Stimme in unserem Kopf zum Schweigen – mal die Stimme eines Elternteils, mal die eines Lehrers oder Geistlichen –, die zu uns sagt: »Wie konntest du bloß so etwas tun?«

70

Es gibt manche Dinge, derentwegen wir uns schuldig fühlen *sollten*, aber die Schuldgefühle sollten mit der Tat verknüpft sein und nicht mit dem Täter. Der verheiratete Mann, der sein Ehegelübde bricht oder seinen Gehaltsscheck verspielt und seine Familie finanziell, letztlich auch sozial, schädigt, *sollte* sich schuldig fühlen. Ein Freund, Therapeut oder Geistlicher, der seine Entschuldigung akzeptiert, die Nörgelei seiner Frau habe ihn dazu getrieben, tut ihm damit keinen Gefallen. Das erlaubt ihm nur, sich vor seiner Schwäche zu verstecken, bei seiner Haltung zu bleiben: »Mit mir ist alles in Ordnung, ich muß mich nicht ändern, an alldem ist jemand anderer schuld«, und sich den Kräften zu widersetzen, die ihm helfen könnten, sich zu ändern und im eigentlichen Sinne menschlicher zu werden. Aber wird er sich mit größerer Wahrscheinlichkeit ändern, wenn wir ihn als verantwortungslosen Menschen verurteilen (statt das, was er *tat,* als verantwortungslos zu verurteilen), oder wenn wir ihm vielmehr sagen, daß er den Wunsch und die Fähigkeit in sich hat, ein verantwortungsbewußter, liebevoller Ehemann zu sein, und daß dieser Wunsch und diese Fähigkeit mit Gottes Hilfe und dem Beistand von Freunden verwirklicht werden können?

Ich besuche ein Gemeindemitglied im Krankenhaus. Der Mann, der während seines ganzen Erwachsenenlebens drei Päckchen pro Tag geraucht hat, liegt jetzt mit Lungenkrebs im Sterben. Er fühlt sich schuldig, weil er seine Gesundheit ruiniert hat. Wodurch helfe ich ihm mehr – indem ich ihm sage: »Es war nicht Ihre Schuld; diese Zigarettenreklame ist so clever, da wird doch praktisch *jeder* zum Rauchen verleitet«? Oder indem ich ihm sage: »Ich kann mir vorstellen, daß Sie über sich und das, was Sie getan haben, ziemlich deprimiert sind. Aber ich möchte Sie daran

71

erinnern, daß Ihre Frau und Ihre Kinder Sie immer noch lieben. Vielleicht hört sich ja manchmal der Schmerz, den sie Ihretwegen empfinden, und ihre Angst vor der Zukunft wie Verärgerung an, wenn sie mit Ihnen reden. Aber sie sind nicht verärgert über Sie. Und Gott liebt Sie noch immer. Er hat Sie nicht abgeschrieben. Er weiß, was Sie sich angetan haben, und Er liebt Sie so oder so. Ich bin da, um neben Ihrem Bett zu stehen und mit Ihnen zu beten, als Zeichen und Verkörperung von Gottes Liebe. Wenn Sie also die Meinung Ihrer Familie und die Meinung Gottes respektieren, dann möchte ich, daß Sie niemals aufhören, sich zu lieben, und daß Sie sich für einen guten Menschen halten.« Meine Worte heilen seinen Lungenkrebs nicht, aber möglicherweise heilen sie das Schuldgefühl und die Scham, die bösartig in ihm angewachsen sind. Der Liebe Gottes versichert, seines Wertes als Mensch, als Gatte, Vater und Freund versichert, kann er nun meine Gebete annehmen, er kann die Tränen seiner Frau annehmen und ebenso die Besuche fürsorglicher Nachbarn. Es hilft ihm möglicherweise nicht, länger zu leben (obwohl ich vermute, daß der Glaube, man verdiene zu leben, möglicherweise einige der Wirkungen der Krankheit hinauszuschieben hilft), aber es wird ihm helfen, seine letzten Monate in dem Gefühl zu verleben, geliebt und voller Wertschätzung umhegt zu sein.

Es gibt einige Dinge, derentwegen wir uns nicht schuldig fühlen würden, wenn wir völlig rationale Menschen wären, aber da das nicht der Fall ist, sind wir für Schuldgefühle anfällig. Wenn wir ein überentwickeltes Gefühl der Verantwortlichkeit haben, es immer schaffen zu müssen, daß die Dinge richtig laufen, wenn wir ein übertriebenes Gefühl von unserer Fähigkeit haben, es zu schaffen, daß sich die Dinge richtig entwickeln, indem wir selbst

72

alles richtig machen, bringen wir uns dazu, uns wegen allem schuldig zu fühlen, vom schlechten Wetter bis zum ungebührlichen Betragen anderer. Der Psychologe Daniel Gottlieb würde uns daran erinnern, daß »wir keine Kontrolle über den Schmerz eines anderen haben. Großenteils entsteht das Schuldgefühl aus der Empfindung, wir hätten mehr Einfluß, als dies wirklich der Fall ist.«

Mütter, die ein Kind mit einem Erbleiden zur Welt bringen, geben sich die Schuld daran, obwohl dies zweifellos nichts ist, was sie zu tun beschlossen haben. Sie fragen sich: »Ist das passiert, weil ich während der Schwangerschaft getrunken habe? Weil ich während der Schwangerschaft Sex hatte? Weil ich vor der Ehe häufig den Partner gewechselt habe, oder weil ich mich darüber geärgert habe, wie sich die Geburt eines Kindes auf meinen Beruf, meinen Urlaub und meine Figur auswirken würde?« Eltern, deren Kinder sich bei einem Unfall verletzen, machen sich Selbstvorwürfe wie: »Hätte ich ihr doch nur nicht erlaubt, hinzugehen« – als hätte man von ihnen erwarten können, daß sie die Zukunft vorhersehen.

Vor einigen Jahren wurde ich gebeten, die Beerdigung von zwei älteren Frauen aus meiner Gemeinde innerhalb derselben Januarwoche vorzunehmen. Eines Nachmittags brach ich auf, um bei beiden Familien meinen Beileidsbesuch zu machen. Bei der ersten Familie sagte der älteste Sohn der Verstorbenen zu mir: »Ich fühle mich schuldig an Muttis Tod. Ich hätte drauf bestehen sollen, daß sie nach Florida geht, und sie aus diesem scheußlichen kalten Wetter bringen sollen, bei dem man nicht mal draußen rumlaufen kann. Wenn ich das gemacht hätte, wär' sie heute noch am Leben.« Ich versuchte, ihn zu trösten, und begab mich dann

73

zu der zweiten Familie. Dort sagte der älteste Sohn zu mir: »Ich fühle mich schuldig an Mutters Tod. Hätte ich nur nicht drauf bestanden, daß sie nach Florida geht. Der lange Flug, der plötzliche Klimawechsel – das war zuviel für sie.«

Wenn eine Geschichte unglücklich ausgeht, machen wir uns endlose Selbstvorwürfe mit all den »Was-wäre-passiert-wenn«-Fragen und tadeln uns, daß wir keine klügere Wahl getroffen haben. Schuldgefühl ist nach einem Todesfall fast immer vorhanden (weil wir noch am Leben sind und der andere nicht, weil wir etwas gemacht haben, das sich als die falsche Entscheidung herausstellte, weil möglicherweise ein Teil von uns über die Person, die starb, verärgert war und ihr möglicherweise den Tod gewünscht hat).

Aber im Hinblick auf das Schuldgefühl stellt der Tod durch Selbstmord unter all den Möglichkeiten, wie wir einen uns nahestehenden Menschen verlieren können, ein besonders ernstes Problem dar. Selbstmord vermag auf außerordentlich wirkungsvolle Weise in den Überlebenden Schuldgefühle auslösen. Ich kenne einige gute Bücher über Selbstmord; sie weisen allesamt denselben Mangel auf. In der ersten Hälfte teilt uns das Buch mit, daß wir Warnsignale auffangen und einen Selbstmord verhindern können, wenn wir genügend geschickt und empfindsam sind. In der zweiten Hälfte sagt es uns dann, daß wir uns nicht schuldig fühlen sollten, wenn sich jemand, den wir liebten, das Leben genommen hat. Wenn eine Person entschlossen sei, sich umzubringen, dann gebe es nichts, was man tun könne, um sie davon abzuhalten.

Höchstwahrscheinlich sind beide Aussagen zutreffend. Eine wahre Geschichte: Ein junger Mann suchte zur Behandlung sei-

74

ner Depression zweimal wöchentlich einen Therapeuten auf. An einem Freitagmorgen sagte der Therapeut nach ihrer regulären Sitzung zu ihm: »Es gefällt mir gar nicht, was ich da höre. Ich lasse Sie nur ungern über das Wochenende allein. Ich fürchte, Sie könnten versucht sein, sich etwas anzutun. Ich möchte gern, daß Sie das Wochenende mit meiner Frau und mir in unserem Haus auf Cape Cod verbringen.« Auf ihrer Fahrt zum Kap bat der junge Mann den Therapeuten, einen Augenblick rechts ranzufahren, weil er austreten müßte. Er begann, auf den Wald neben dem Highway zuzuschlendern, machte dann plötzlich kehrt und lief mitten auf die Straße, in die Fahrspur eines daherrasenden Lkw. Er war auf der Stelle tot. Eigentlich lagen geradezu ideale Bedingungen vor, so ideal, wie man sie sich nur erhoffen konnte, gab es hier doch einen geschulten Fachmann, der subtile Hinweise auffing und von seinem üblichen Reglement abwich, um den deprimierten Klienten zu sich nach Hause einzuladen. Aber selbst das reichte nicht aus, um eine zur Selbstvernichtung entschlossene Person daran zu hindern, sich selbst zu vernichten.

Wir können Menschen sagen, daß sie sich nicht schuldig fühlen sollten; daß sie alles Mögliche getan haben. Wir können unterstreichen, daß sie für die Gefühle und Handlungen anderer nicht verantwortlich sind. Aber Schuldgefühl ist eine irrationale Empfindung. Wir fühlen uns schuldig, weil wir Erfolg haben (»Ich verdiene es nicht, so gut dran zu sein, wenn so viele Menschen weniger Glück haben«), und wir fühlen uns schuldig, weil wir versagen (»Du kannst alles sein, was du willst, wenn du dir nur genügend Mühe gibst«). Wir fühlen uns schuldig wegen unserer Handlungen (»Es war alles meine Schuld«), wegen unserer unterlassenen Handlungen (»Wer weiß – wenn ich ein bißchen mehr

75

unternommen hätte ...«) und sogar wegen unserer Gedanken (»Ich habe mich an meiner Ehe versündigt, indem ich bemerkte, wie attraktiv diese Frau am Nebentisch war, und darüber phantasierte, wohin es wohl führen würde, wenn ich ein Gespräch mit ihr anfinge«). Man kann niemandem sein Schuldgefühl ausreden. Das weiß ich; ich habe es Hunderte Male versucht. Je eindringlicher man der betreffenden Person sagt: »Sie sind wirklichkeitsfremd; Sie brauchen sich deswegen nicht schuldig zu fühlen«, desto eindringlicher hört sie die Botschaft: »Sie sind nicht nur schuldig, Sie sind auch wirklichkeitsfremd.« Wir sollten der Person nicht ihre unangemessenen Emotionen vorhalten, sondern ihr vielmehr sagen: »Ich weiß, daß Sie sich schrecklich fühlen wegen dem, was passiert ist, und ich leide mit Ihnen. Aber Sie sind ein guter Mensch, und ich habe Sie lieb.«

Wenn der Kern des Schuldgefühls in der Empfindung besteht: »Ich bin ein schlechter Mensch und verdiene wegen dem, was ich getan habe, nicht, geliebt zu werden«, dann können wir diese Empfindung neutralisieren, indem wir den Menschen versichern, daß wir uns tatsächlich um sie sorgen, nicht nur, weil *wir* emotional großzügige, fürsorgliche Menschen sind, sondern weil *sie* es wirklich verdienen, geliebt zu werden. Ich habe oft festgestellt, daß Selbsthilfegruppen und ebenso Zwölf-Stufen-Programme ein wundervolles Hilfsmittel sind, um das Schuldgefühl eines Menschen zu lindern und ihm oder ihr sein Selbstwertgefühl zurückzugeben (obwohl Männer, die sich notorisch sträuben einzugestehen, daß sie Hilfe brauchen, sich oft nur schwer dazu überreden lassen, sich einer Selbsthilfegruppe anzuschließen; als meine Frau und ich nach dem Tode unseres Sohnes an Versammlungen der Mitfühlenden Freunde teilnahmen, kamen dort für gewöhn-

76

lich jeweils drei oder vier hinterbliebene Mütter auf einen hinter-
bliebenen Vater).

Selbsthilfegruppen können oft mehr bewirken als ein geschick-
ter Therapeut, weil Sie in einer Selbsthilfegruppe all diese guten, sympathischen Menschen kennenlernen, die das gleiche Unglück erlitten haben wie Sie selbst, und Sie einzusehen beginnen:
»Du mußt kein schlechter Mensch sein, damit dir so etwas zu-
stößt.« Zudem sind Sie in einer Selbsthilfegruppe abwechselnd
in der Rolle dessen, der hilft, und in der Rolle dessen, dem
geholfen wird, und im Lauf der Zeit lernen Sie, sich nicht nur als
eine Person anzusehen, die von Schuldgefühl und Scham belastet
ist, sondern auch als eine Person, die aufgrund ihres Bescheidwissens über Schuldgefühl und Scham berechtigt ist, anderen zu
helfen, denn Sie wissen ja, wie sie empfinden und was sie brauchen. Und in diesem Moment, mit dieser Einsicht, beginnen sich
Ihre Gefühle der Hilflosigkeit und Unwürdigkeit zu verflüchti-
gen.

Es ist bedauerlich, daß so viele von uns dazu erzogen wurden, die
Religion für die schimpfende Stimme zu halten, die uns dazu
bringt, daß wir uns schuldig fühlen. Ich wünschte, wir könnten
lernen, die Religion als die Quelle der Heilung und Linderung des
Schuldgefühls anzusehen, denn in so vielen Fällen ist das Schuldgefühl irrational (wir haben keinen Grund, uns schuldig zu fühlen,
und doch tun wir es, und man kann es uns nicht ausreden), und
die Religion wird auf der nichtrationalen Ebene wirksam. Vor
vielen Jahren kam eine ältere Frau aus meiner Gemeinde bei mir
vorbei, um mich zu sprechen. Sie sagte mir: »Rabbi, mir ist
schrecklich zumute. Ich hab' letzte Woche etwas sehr Schlimmes
getan.« Ich war gespannt zu erfahren, welche schreckliche Sünde

diese Frau wohl begangen haben konnte. »Ich ging letzten Donnerstag auf den Friedhof, um das Grab meines Mannes zu besuchen.«

»Ja, und was ist da passiert?«

»Der Donnerstag war ein jüdischer Feiertag, und ich weiß, daß man an einem Feiertag eigentlich nicht auf den Friedhof gehen soll. Aber ich dachte an meinen Mann und fühlte mich sehr einsam, also bin ich doch gegangen, obwohl ich wußte, daß es nicht recht war. Und jetzt ist mir schrecklich zumute wegen dem, was ich getan hab'.«

Weil ich ein junger, unerfahrener Rabbiner war, machte ich den unklugen Versuch, ihr dieses Schuldgefühl auszureden. Ich sagte ihr, daß ich verstünde, weshalb sie die Ruhestätte ihres Mannes besuchen wollte, und daß dies ein legitimes Gefühl sei, und daß das Verbot, den Friedhof an einem Feiertag zu besuchen, keine so bedeutsame religiöse Vorschrift sei. Aber je mehr ich redete, desto unbehaglicher fühlte sie sich. Sie fühlte sich schuldig wegen dem, was sie getan hatte (vielleicht hatte der Friedhofsbesuch einige vergrabene Schuldgefühle aufgerührt, die nichts mit der Verletzung der Feiertagsregel zu tun hatten), und mein Versuch, es ihr auszureden, war für sie keine Hilfe. Plötzlich hatte ich eine Idee. Irrationale Schuldgefühle muß man auf irrationalem Weg kurieren, nicht mit einer Reihe rationaler Argumente. Ich sagte zu ihr:

»Welches Datum hatten wir letzten Donnerstag?«

»Den Siebzehnten.«

»Spenden Sie zum Andenken an Ihren Mann siebzehn Dollar für wohltätige Zwecke; das macht dann wieder gut, was Sie getan haben.«

78

Die Frau wurde sichtlich lebhafter. »Oh, Rabbi, danke. Ich fühl'
mich schon besser.«

Eins von den Dingen, die die Religion am besten kann, ist: uns
lehren, mit dem normalen Schuldgefühl fertig zu werden, das auf
einen Todesfall folgt, und ebenso mit dem angemessenen Schuldgefühl, das wir im Anschluß an unser ungebührliches Verhalten
empfinden. Wenn das Schuldgefühl sich aus dem ergibt, was wir
getan haben, dann besteht die Abhilfe darin, andere Dinge, bessere Dinge zu tun: einfach hie und da spontan voller Rücksicht-
nahme zu handeln, Almosen zu spenden, einem Nachbarn zu
helfen. Auf der rationalen Ebene macht das Almosengeben die
selbstsüchtige oder rücksichtslose Sache nicht ungeschehen, die
wir getan haben und die das Schuldgefühl überhaupt erst weckte.
Aber auf der irrationalen Ebene, auf der unsere Seelen leben,
macht es uns wirklich mit unserem besseren, edleren Ich bekannt.
Die eine Tat »gleicht« die andere »aus«; die Stimme gesunden
Selbstbewußtseins wirkt der nörgelnden, mißbilligenden Stimme
eines schlechten Gewissens entgegen.

Vor einigen Jahren stand eine berühmte Bostoner Klinik vor
einem Dilemma. Ein berüchtigter, wucherischer Eigentümer ab-
bruchreifer Mietshäuser wollte einen sehr beachtlichen Geldbe-
trag spenden, damit man ein Gebäude nach seinen Eltern, zu deren
Andenken, benennen würde. Einige Leute, die seinen Ruf kannten und wußten, wo sein Geld herkam, bedrängten die Klinik, sich
ja nicht mit seinem Geschenk zu besudeln. Andere wieder, die an
die prekäre Finanzlage der Klinik dachten, bedrängten sie, das
Angebot zu anzunehmen. (Womöglich haben sie sich an den
Wortwechsel in George Bernhard Shaws Bühnenstück *Major
Barbara* erinnert, in dem man der Titelheldin, einer Majorin der

Heilsarmee, den Vorwurf macht, sie wäre bereit, noch vom Teufel selbst Geld anzunehmen. Sie erwidert: »Ja, das würd' ich, und liebend gerne würd' ich's ihm abknöpfen und mir aneignen.«) Ich zählte zu jenen, die sich für die Annahme aussprachen, weniger aus Sorge um die Klinik als um den Spender. Wenn er sich schuldig fühlte wegen der Art, wie er sein großes Vermögen angehäuft hatte, dann war es meiner Meinung nach für ihn genau das richtige, sein Schuldgefühl abzureagieren, indem er einen bedeutenden Teil dieses Vermögens für eine würdige Sache hergab.

Wie Sie wahrscheinlich im Laufe Ihres Lebens bemerkt haben, verlangen traditionelle Religionen häufig von uns, Dinge zu tun und Rituale zu vollziehen, die »keinen Sinn ergeben«. Das ein oder andere Mal waren wir wahrscheinlich innerlich ungehalten darüber, daß die Religion diese offenbar sinnlosen Forderungen stellt. Aber wenn diese Rituale nun schon jahrhundertelang bestehen, dann muß das, wie ich vermute, daran liegen, daß sie auf irgendeiner nichtrationalen Ebene »funktionieren« und uns auf eine letztlich nicht begreifliche Weise helfen. Wenn eine uns nahestehende Person stirbt und wir uns schuldig fühlen, weil wir noch leben, weil wir nicht mehr tun konnten, um diese Person zu retten, dann gibt uns die Religion Möglichkeiten, uns dazu zu bringen, uns gerade so unbehaglich zu fühlen, daß wir nicht den Eindruck haben, wir würden den Todesfall leichtnehmen. Wenn wir Dinge getan haben, die wir am liebsten ungeschehen machen würden, zeigt uns die Religion, wie man die betreffende unrechte Tat mit einer bewundernswerteren ausgleicht. Ich denke an den jüdischen Brauch, *Shiva* zu sitzen, nach einem Todesfall eine Woche lang zu Hause zu bleiben, alle Spiegel zu verhängen und

80

auf einer niedrigen, harten Bank zu sitzen und dann bei Gottesdiensten ein Jahr lang täglich das Büßergebet zu sprechen, oder an das römisch-katholische Register von auferlegbaren Bußübungen, die nach der Beichte zu verrichten sind.

Im alten Israel der biblischen Zeit bestimmte die Religion nicht nur, was recht und was unrecht war, was also von den Menschen erwartet wurde. Sie gab den Menschen auch eine Handlungsmöglichkeit, wenn sie das Gefühl belastete, den Anforderungen nicht zu entsprechen und Gott zu enttäuschen. Sie brachten dann eine Opfergabe, eine Sündengabe, zu Gottes Altar. Deren Zweck bestand weder darin, »die Bilanz auszugleichen«, also jeweils mit einer guten Tat eine schlechte wettzumachen, noch darin, Gott zu bestechen, das verübte Vergehen nicht zu beachten. Ihr Zweck bestand darin, den Gebenden mit seinem/ihrem besseren Wesen vertraut zu machen, ihn/sie zu sich sagen zu lassen: »Ich wäre gern vollkommen, aber ich weiß, daß ich nicht vollkommen bin. Manchmal bin ich schwach und rücksichtslos. Aber schau: Manchmal kann ich auch stark und hochherzig und innerlich diszipliniert sein. Ich bin kein schlechter Mensch. Ich bin ein Mensch, der oft Schlimmes tut, der aber noch öfter Gutes vollbringt. Und wenn das für Gott gut genug ist, dann sollte es auch für mich gut genug sein.« Und die Weisen sagen uns, daß es in ganz Jerusalem keinen glücklicheren Menschen gab als die Person, die ihr Sündenopfer zu Gottes Altar brachte und mit dem Gefühl wegging, daß ihr vergeben worden war.

Kapitel vier

Väter und Söhne,

Mütter und Töchter

Als ich ein Kind war, unterwies man mich, daß wir an Jom Kippur die Dinge sühnen müßten, die wir getan hatten, um andere Menschen zu verletzen, bevor wir unsere Vergehen gegen Gott sühnen könnten, und daß Gott uns nur vergeben würde, wenn wir jenen vergeben hätten, die uns verletzt und enttäuscht hatten. Als ich dann älter wurde, reifte in mir immer mehr der Verdacht, daß die erste Hälfte dieser Unterweisung noch immer stichhaltig ist, daß aber die zweite Hälfte möglicherweise etwas Falsches behauptet.

Ich meine: Man muß uns zuerst vergeben, wir müssen erfahren, wie sich das anfühlt: unsere Fehler und Beschränkungen einzugestehen und herauszufinden, was für ein wundervolles Gefühl es ist, nicht deswegen abgelehnt zu werden, weil man weniger als vollkommen ist. Sobald wir einmal diese Erfahrung gemacht haben, können wir den weniger-als-vollkommenen Menschen in unserem Leben Akzeptierung entgegenbringen. Und wenn wir weniger-als-vollkommene Menschen nicht akzeptierend in unser Leben aufnehmen, werden wir sehr einsam sein, weil jene die einzige Art Menschen sind, die wir antreffen werden. Gott wäre einsam, wenn Er nur vollkommene Menschen lieben könnte, und wir wären es auch.

Matthew war einer von den vielversprechendsten jungen Leuten, die je in unserer Gemeinde aufwuchsen. Er hielt die Abschieds- rede seiner Highschoolklasse, war Leiter unserer kirchlichen Jugendgruppe und fing dann eine erfolgreiche akademische Lauf- bahn in Harvard an. Etwa sechs Wochen vor seinem Uniabschluß besuchte er mich, um mich über den derzeitigen Stand der Dinge in seinem Leben zu informieren. Er würde mit magna cum laude[10] promovieren; seine Doktorarbeit war von einer Zeitschrift zur Veröffentlichung angenommen worden, die fast nie Beiträge von Studenten publizierte, und was das Allererfreulichste war: Sein Lieblingsprofessor, sein Doktorvater, hatte ihm ein Forschungs- stipendium angeboten; er sollte mit ihm an einem bahnbrechen- den Forschungsprojekt arbeiten.

»Matt«, sagte ich zu ihm, »du solltest strahlen wie ein Mann, der gerade das Große Los gewonnen hat. Warum schaust du so sorgenvoll drein?«

»Ich scheue mich, sein Angebot anzunehmen. Verstehen Sie mich recht; Professor X war wie ein Vater zu mir, klug und lustig und fürsorglich und ernsthaft an meiner Laufbahn interessiert. Ich habe diese Phantasievorstellung, ich sei aufgewachsen, um wie er zu werden, er zu *sein*, wenn ich in seinem Alter bin. Ich fürchte, daß ich ihn enttäuschen werde, wenn ich die nächsten paar Jahre eng mit ihm zusammenarbeite. Er wird herausfinden, daß ich nicht wirklich so besonders bin, wie er offenbar meint, und es

84

würde mir sehr weh tun, ihn derartig zu enttäuschen. Ich habe auch Angst davor, daß ich einiges über ihn erfahren werde, was ich nicht wissen will, und daß ich von ihm enttäuscht sein werde.« Ich schüttelte den Kopf und lächelte. »Matt, ihr werdet unter Garantie voneinander enttäuscht sein. Wir sind immer von unseren Eltern und den Ersatzfiguren unserer Eltern enttäuscht – Lehrern, Geistlichen, politischen Führern. Sie stellen sich nie als so vollkommen heraus, wie wir dies brauchen. Und Eltern sind aus demselben Grund fast immer enttäuscht von ihren Kindern. Warum machst du dir nicht einfach im voraus klar, daß es so kommen wird, ohne dich davon abhalten zu lassen, sein Angebot anzunehmen?«

Als Kinder wollen wir so sehr unseren Eltern gefallen. Ihren Beifall zu gewinnen, sie stolz und glücklich zu machen bedeutet uns so viel. Als Eltern wollen wir, daß unsere Kinder Erfolg haben, daß sie zu Menschen heranwachsen, auf die wir stolz sein können, daß sie uns durch die Art, wie sie sich letztlich entwickeln, in einem günstigen Licht erscheinen lassen. Zusätzlich dazu, daß sie uns stolz auf sie machen, wollen wir, daß sie uns lieben und bewundern. Die Eltern-Kind-Beziehung steckt so voll beiderseitigem Bedürfnis und beiderseitiger Erwartung, daß sie nur allzu leicht in unrealistische Erwartungen und unvermeidliche Enttäuschungen hineinschlittert. Unsere Eltern sind selten so klug und unsere Kinder sind selten so tüchtig, wie wir dies unserer Ansicht nach nötig hätten.

Die Beziehung zwischen einem Elternteil und einem Kind ist die zwischenmenschlich bei weitem komplizierteste; sie ist sogar noch komplizierter als die zwischen Ehefrau und Ehemann. Wenn Jungsche Analytiker[11] einen Patienten (oder eine Patientin) be-

85

handeln, der sich schwertut, seine Emotionen herauszulassen, greifen sie zu einer Übung, in der sich der Patient vorstellt, daß eine wichtige Person aus seiner Vergangenheit vor ihm auf einem Stuhl sitzt, und dann all die Dinge zu dem leeren Stuhl sagt, die er der tatsächlichen Person nie zu sagen imstande war. Analytiker berichten mir, daß neun von zehn Patienten sich auf dem Stuhl eher ein Elternteil vorstellen als einen Ehepartner, einen Vorgesetzten/eine Vorgesetzte, ein Kind oder eine befreundete Person. Ein interessanter Einzelpassus des jüdischen Rechts verfügt, daß eine Person, die den Verlust eines Familienmitglieds erleidet, dreißig Tage in einem Trauerzustand verbleiben soll, sofern es sich bei dem Verstorbenen um einen Gatten oder eine Gattin, einen Bruder, eine Schwester oder ein Kind handelt. Aber sofern es sich um ein Elternteil handelt, verharrt man ein knappes Jahr in Trauer; denn wenn ein Elternteil stirbt, verlieren Sie nicht einen, sondern mehrere Beziehungspole: den machtvollen, lebenserhaltenden Elternteil Ihrer frühkindlichen Phase, die Person, die Sie zu formen und kontrollieren suchte, als Sie heranwuchsen, den Begleiter Ihrer Erwachsenenjahre, und – falls der Elternteil lang genug lebt, daß sich die Rollen vertauschen – die abhängige, verwundbare ältere Person. Und es scheinen in diesen vielfältigen Beziehungen mit unseren Eltern mehr unerledigte Aufgaben, mehr ungelöste Konflikte zu stecken als in irgendeiner unserer sonstigen Beziehungen. Viele Sachverständige vermuten, daß die Probleme zwischen verheirateten Ehepartnern häufig von ungelösten Konflikten mit dem einen Elternpaar oder beiden Elternpaaren herrühren.

Sophokles' Bühnenstück *König Ödipus* gilt als die größte der griechischen Tragödien. Shakespeares *Hamlet* gilt als das größte

86

Bühnenstück aller Zeiten. Dostojewskis *Die Brüder Karamasow* hält man gemeinhin für den glänzendsten psychologischen Roman, der je geschrieben wurde. Faszinierend ist nun, daß sie alle von demselben Thema handeln: von einem Mann, der versucht, den gewaltsamen Tod seines Vaters zu bewältigen. Freuds Deutung des *Hamlet* besagt, daß Hamlet Schwierigkeiten hatte, die Ermordung seines Vaters zu rächen, weil ein Teil von ihm sich so stark mit dem identifizierte, was sein Onkel getan hatte, damit also, den Vater zu ermorden und die Mutter zu heiraten.

Wir reagieren auf Bühnenstücke und Romane über dieses Thema, weil sie die dunklen Winkel unserer Seele berühren, wo wir Ärger über unsere Eltern empfinden und diesen Ärger zu verbergen suchen, weil wir sie ja auch lieben, brauchen und ihnen innerlich dankbar sind. Und Eltern empfinden auch Ärger über ihre Kinder; denken Sie an das 22. Kapitel der Genesis, in dem Abraham Gottes Stimme vernimmt, die ihm gebietet, er solle seinen Sohn Isaak als Opfer darbringen. Könnte diese merkwürdige Geschichte irgendwie den unterdrückten Wunsch eines Vaters widerspiegeln, ein Kind zu beseitigen, das ihn enttäuscht hat?

Weshalb der Ärger? Weil wir einander so sehr brauchen und wir so enttäuscht sind, wenn der andere diesen Bedürfnissen nicht entsprechen kann. Weil Kinder wollen, daß ihre Eltern sie vor Schaden beschützen, und Eltern sie nicht immer beschützen können. Sigmund Freuds Biograph berichtet über die Episode, in der Freud als Kind mit seinem Vater durch die Straßen Wiens spazierte, als plötzlich der brutale antisemitische Kerl auftauchte, der dem Vater die Pelzmütze vom Kopf schlug, mit den Worten: »Geh du in der Gosse, Jud'.« Freud vergaß nie diesen Augenblick, in dem er seinen Vater machtlos und gedemütigt sah.

Kinder brauchen Eltern, die sie in freier Selbstentfaltung aufwachsen lassen, aber Eltern haben oft persönliche Zielsetzungen, die sie ihren Kindern aufzudrängen suchen. Es kann sein, daß Eltern fest damit rechnen, durch ihre Kinder werde ihnen der Segen stellvertretender Unsterblichkeit zuteil: etwas werde von ihnen über ihre Lebensspanne hinaus weiterleben, nicht nur ihre biologische DNS[12], sondern ihre Namen, ihre Werte, ihre Identität; und Kinder bestehen häufig darauf, bei der Wahl eines Lebensgefährten oder einer Karriere ihren eigenen Weg zu gehen. Oder es kann sein, daß Eltern von ihren Kindern erwarten, sie würden ihnen Ehre machen, und daß sie das Gefühl haben, jeder fehlerhafte Zug an einem Kind werfe ein schlechtes Licht auf ihre Tauglichkeit als Eltern (ich erinnere mich an die witzige Bemerkung eines Prominenten über seine Heimatstadt; daß dort alle Schüler und Studenten über dem Durchschnitt lägen), während Kinder die Freiheit wollen und brauchen, Fehler machen zu dürfen und aus diesen Fehlern zu lernen.

Ein Kind zu gebären, ein ganz neues menschliches Leben im eigenen Leib zu empfangen und zu nähren ist wahrscheinlich das Kreativste, was eine Frau jemals tun wird. (Ich habe schon lange den Verdacht, daß all die große Mühe und Kraft, die Männer aufbieten, um »sich einen Namen zu machen«, ein Gebäude oder eine Firma nach sich benennen zu lassen, Bücher und Sinfonien zu schreiben, sich einen eigenen Abschnitt in der Enzyklopädie[13] zu verdienen, genaugenommen angestrengte Versuche sind, die Unfähigkeit zu kompensieren, ein Kind zu gebären.) Als Eva das erste Kind zur Welt bringt, das je einer menschlichen Mutter geboren wurde, sagt sie: »Ich habe mit Gott einen Menschen bekommen«[14] (das heißt »mit Hilfe Gottes« oder vielleicht »ge-

88

rade so wie Gott«). Eva, die versucht wurde, durch das Erlangen der Erkenntnis von Gut und Böse wie Gott zu sein, ist jetzt wie Gott geworden, indem sie etwas tut, das vorher nur Gott getan hatte: einen Menschen gestalten. Sie gibt ihm den Namen Kain, den die Bibel mit dem hebräischen Tätigkeitswort *canah*, »erwerben«, in Zusammenhang bringt, so daß man Evas Worte auch so auslegen kann: »Ich habe einen Menschen erworben, er gehört mir.«

Bestenfalls stellen Kinder einen Neubeginn dar, eine Gelegenheit, abermals zu beginnen, begünstigt durch die Erfahrung vorheriger Generationen, aber ohne die Last von deren Narben und Fehlern. Manchmal sind Kinder aus der Sicht ihrer Eltern eine Gelegenheit, das eigene Leben nochmals zu leben, in der Hoffnung, es diesmal richtig hinzukriegen. So drängt der Vater, der ein Sportler sein wollte, dies aber nie war, sein Kind in diese Richtung und streitet sich mit dem Trainer der Nachwuchsliga lauthals über die Spielzeit seines achtjährigen Sohnes herum. Und die Mutter, die es damals auf der Highschool tief kränkte, daß sie keine gefragte Rendezvouspartnerin war, läßt ihre Tochter mit elf Jahren Make-up und einen gepolsterten BH tragen. Wie Eva reagieren sie auf die Elternschaft mit der Einstellung: »Ich habe einen Menschen erworben; ich bin wie Gott, ich werde ihn oder sie zu etwas Wunderbarem formen, und alle werden mich deswegen bewundern«, wobei sie vergessen, daß selbst Gottes Geschöpfe sich nicht so entwickelten, wie Er sich dies erhoffte.

Es kann unterhaltsam sein, jungen Müttern auf einem Spielplatz zuzuhören – wie sie Punkte sammeln, indem sie vergleichen, in welchem Alter ihre Kleinen bestimmte Meilensteine der Entwicklung erreichten, oder einen Vater auf der Zuschauertribüne

zu sehen, der ein Spiel ernster nimmt, als sein Kind auf dem Spielfeld dies tut. Es kann unterhaltsam sein, wenn man die vielen Autos sieht (meines inbegriffen), die mit protzigen Aufklebern prahlen, wo unsere Kinder aufs College gehen. Doch von einem bestimmten Punkt an ist dieses Bestreben, es zu schaffen, daß einem die eigenen Kinder durch ihre Leistungen Ehre machen, nicht mehr unterhaltsam und kann dann zerstörerisch werden. Es kann sich darin äußern, daß man Kinder in Musik- oder Ballett- unterricht drängt, wofür sie weder das Interesse noch die Bega- bung mitbringen, und ihnen sagt, daß sie sich, wenn sie sich nur tüchtig ins Zeug legten, hervortun würden – mit dem möglichen Ergebnis, daß sie lernen werden, sich selbst für Versager zu halten, weil sie keine außergewöhnliche Begabung besitzen. (Erst Jahre danach, wenn es zu spät ist, diese Kindheitsgefühle rück- gängig zu machen, werden sie lernen, daß sportliche und musi- kalische Begabung von Eltern vererbt wird.) Es kann sich darin äußern, daß man eine Berufswahl erzwingt oder sich in eine Liebesaffäre einmischt, aus Gründen, die mehr den Bedürfnissen der Eltern entsprechen als denen des Kindes. Es kann eine Kon- stellation hervorrufen, in der mehrere Generationen gleichsam als Bevollmächtigte, stellvertretend, leben, also den Lebensplan von jemand anderem leben und darauf warten, daß jemand daher- kommt und den ihren lebt: »Ich habe meine Träume geopfert, um meine Eltern glücklich zu machen, und ich erwarte von dir, daß du deine opferst, um mich glücklich zu machen. Tust du das, dann wirst du durch das Recht belohnt, von deinen Kindern zu verlan- gen, daß sie ihre Träume opfern, um dich glücklich zu machen.« Wollen wir denn wirklich so leben?
Dieses Grundmuster, von Kindern zu erwarten, daß sie den Wert

90

und die Bedeutung bestätigen, die man als Vater oder Mutter hat, kann äußerst destruktiv werden, wenn Eltern damit konfrontiert sind, daß sie ein behindertes oder geistig zurückgebliebenes Kind haben. Wenn bei der Geburt eines Kindes Ihre freudige Erwartung darin besteht, daß er oder sie aufwachsen wird, um vollkommen oder beinahe vollkommen zu sein und der Welt zu beweisen, was für ein vollkommener oder beinahe vollkommener Elternteil Sie sind – wie werden Sie dann auf ein Kind reagieren, das von Geburt an schwer eingeschränkt ist? Solche Kinder brauchen viel Liebe und reagieren wundervoll auf Liebe. Sie können glücklich, mitteilsam und herzlich sein. Vollkommen können sie allerdings nicht sein. Sie werden liebevoll und liebenswert sein, aber sie werden keine Highschoolabsolventen sein, die die Abschiedsrede halten, keine Spitzensportler oder heimkehrenden Schönheitsköniginnen. Mir sind zu viele Eltern begegnet, die über ihre Kinder verärgert waren, weil diese behindert oder geistig beschränkt geboren waren, denn das machte ja die unangebrachten Träume des Vaters oder der Mutter zunichte.

Ich muß gestehen, daß ich die Geschichte aus dem Kapitel 22 der Genesis nie gemocht oder begriffen habe, in der Gott Abraham befiehlt, seinen Sohn Isaak zu opfern, der ihm nach vielen Jahren der Kinderlosigkeit geboren wurde, und dann im letzten Moment eingreift, um es zu verhindern. Es hat mir nie gefallen, wie Gott darin geschildert wird, der eine so ungeheuerliche Forderung stellt, oder wie Abraham darin geschildert wird, so eilfertig bereit, sie zu befolgen. Aber vor einigen Jahren las ich einen Artikel von einem Arzt, der die Ansicht äußerte, Isaak sei möglicherweise ein geistig zurückgebliebenes Kind gewesen. Er weist viele Aspekte auf, die auch für geistig Zurückgebliebene

91

typisch sind. Er ist das Kind relativ alter Eltern. Er gerät immer wieder in Schwierigkeiten, weil er die Konsequenzen seiner Handlungen nicht begreift. Er ist der einzige Mann in der ganzen Bibel, dessen Eltern sich wegen seiner Verheiratung Gedanken machen, und er heiratet schließlich eine Frau, deren herausragende Eigenschaft ihre liebenswürdige Hilfsbereitschaft ist. Wenn diese Theorie richtig ist, schreibt der Arzt, dann vermeinte Abraham möglicherweise aus ebendiesem Grund zu hören, die Stimme Gottes gebiete ihm, seinen Sohn umzubringen, wie dies viele Gesellschaften in der alten Welt mit Kindern taten, die einen Schaden aufwiesen. Und Gottes Eingreifen stünde dann dafür, daß Er Abraham verkündet, auch ein solches Kind sei nach Gottes Bild gestaltet, auch ein solches Leben sei heilig, ein Kind sei geboren, um allmählich es selbst zu werden, und dürfe nicht dazu benutzt werden, die Lücken im mütterlichen oder väterlichen Ego auszufüllen.

Der Autor James Wilkes schreibt darüber, wie Eltern reagieren, die erfahren, daß ihr Sohn oder ihre Tochter homosexuell ist. »Man muß den Eltern helfen zu erkennen, daß sie in bezug auf ihr idealisiertes Kind einer Illusion erlagen, auf ein illusionäres, nach ihrem Bild geschaffenes Kind fixiert waren. Sobald sie einmal begreifen, daß sie dieser Illusion erlagen, muß man ihnen helfen, diese Illusion absterben zu lassen. Das Begraben dieser Illusion und das Ins-Leben-Rufen der Liebe, die sie für das wirkliche Kind empfinden, ist zweifellos ein Akt der Tapferkeit … Das wirkliche Kind wird erst zum Leben erwachen, wenn das illusorische Kind stirbt.«

Ich kann mir denken, wie schmerzhaft es für Eltern ist, die Vorstellung zu akzeptieren, daß ihr Sohn oder ihre Tochter niemals heiraten oder ihnen Enkelkinder schenken wird, weil er oder sie homosexuell ist. Sie können mit Zorn reagieren, oder sie können mit Schuldgefühl reagieren (»Was haben wir falsch gemacht?«). Und im Glücksfall können sie dadurch reagieren, daß sie ihre idealisierten Träume aufgeben und ihre Kinder bei deren Anstrengungen unterstützen, die Persönlichkeit zu sein, die sie sein müssen, und nicht die, die sie nach dem Bedürfnis der Eltern sein sollten.

Es ist in zweierlei Hinsicht verkehrt, von Ihren eigenen Kindern zu erwarten, daß sie Ihrem Leben Sinn verleihen, indem sie sich besonders hervortun. Erstens ist das eine sehr unzuverlässige Möglichkeit, Befriedigung zu erlangen. Ich habe College-Basketballtrainer sich darüber beklagen hören, ihre Chance, ihren Job zu behalten, hänge von irgendeinem achtzehnjährigen Anfänger ab, der am Ende eines knapp ausgehenden Spiels seine regelwidrigen Würfe macht. Wieviel unsicherer muß ein Vater oder eine Mutter sein, dessen/deren Glück davon abhängt, daß ein zehnjähriges Kind glatte Einser bekommt oder daß ein heranwachsender Sohn oder eine heranwachsende Tochter eher höflich als aufsässig ist?

Aber das wirkliche Problem bei dieser Grundhaltung besteht darin, daß sie von einem unmündigen Kind mehr verlangt, als vernünftig ist. Sie gibt Kindern mehr Macht über uns, als ihnen zuträglich ist. Ein Kind hat genug damit zu tun, einfach aufzuwachsen, um zu sich selbst zu finden; es darum zu bitten, das Leben seiner Eltern mit Sinn zu versehen, weil es andernfalls sinnlos bliebe, ist schrecklich unfair. Ich erlebe nicht selten, wie man unmündige Kinder stillschweigend oder ausdrücklich darum bittet, Familienverhältnisse, die durch Alkoholismus oder Gei-

93

steskrankheit zerrüttet sind, zu stabilisieren, Verantwortung in einer Familie zu übernehmen, in der ein Elternteil gestorben ist, den Frieden zwischen sich streitenden Ehepartnern aufrechtzuerhalten. Wie viele Eltern bitten ihre Töchter: »Warum kannst du keinen reichen Mann heiraten?« Wie viele in der ärmlichen Innenstadt wohnende Eltern bitten ihre Söhne: »Warum kannst du kein Basketball-Star sein und Millionen Dollar verdienen und deinen Eltern ein neues Zuhause kaufen, wie all diese Spieler aus der Zeitung?« Selbstverständlich entspringen diese unrealistischen Erwartungen aus der Verzweiflung, aber zu viele leicht zu beeinflussende Kinder, die unbedingt ihre Eltern erfreuen wollen, wachsen in dem Gefühl heran, daß sie ihre Eltern durch das Nichterreichen dieser Ziele enttäuschen. Solche Forderungen wirken sich auf Kinder unvermeidlich deformierend aus und berauben sie ihrer Kindheit. Manche Kinder gehen aus der Erfahrung gestärkt hervor, manche zerbrechen daran. Aber ganz gleich, was dabei herauskommt – die Last ist für so junge und unfertige Schultern viel zu groß.

Das Ausmaß an Schaden, den ein Kind einem Elternteil zufügen kann, ist begrenzt. Kinder können uns in eine peinliche Lage bringen, aber nur, wenn wir unseren guten Ruf darin investiert haben, wie sie sich letztlich entwickeln. Sie können uns enttäuschen, aber das verletzt sie wahrscheinlich mehr als uns. Sie wünschen sich so sehr, uns Freude zu bereiten.

Eltern hingegen können ihren Kindern viel gravierender schaden. Wir schaden ihnen nicht nur mit physischer und emotionaler Gewalttätigkeit. Wir schaden ihnen mit unrealistischen Erwartungen. (Einer meiner Kollegen sagt, »Enttäuschtsein« sei eine ausschließlich mittelständische Form von Kindesmißbrauch.)

94

Und wir schaden ihnen, indem wir uns ihnen gegenüber nicht um einen Lebensstil bemühen, wie er Erwachsenen angemessen ist, eine Vorgehensweise, die mit einbegreift, daß man bereit ist, Fehler zu machen und zuzugeben und aus ihnen zu lernen, statt immer darauf zu bestehen, daß wir recht haben. Kinder haben es dringend nötig, ihre Eltern zu bewundern. Und eine der Eigenschaften, die unsere Kinder einfach dank unseres überzeugenden Verhaltens an uns bewundern sollten, ist unsere Bereitschaft zu sagen: »Es tut mir leid«, »Bei der Sache hatte ich unrecht«, »Das weiß ich nicht«. Ich kann mich an Zeiten erinnern, wo ich meinen Kindern sagen mußte, daß ich bei irgend etwas unrecht gehabt hatte, daran, wie sehr ich mich ängstigte, sie würden wegen dieses Eingeständnisses den Respekt vor mir verlieren, und wie erstaunt ich war festzustellen, daß sie mich, eben weil ich bereit war, dies zu sagen, nur um so mehr liebten. Sie hatten es nötig, dies von mir zu hören. Sie brauchten diese beruhigende Versicherung von mir – vor allem in bezug auf meine innere Einheit[15], weniger im Hinblick auf meine Vollkommenheit.

Wenn wir versuchen, unseren Kindern beizubringen, uns als vollkommen anzusehen, werden sie schrecklich enttäuscht sein, wenn unsere Unvollkommenheiten offensichtlich werden, was ja unvermeidlich ist. Aber wenn wir ihnen beibringen, uns als Menschen anzusehen, die zu wachsen versuchen, indem sie aus den eigenen Fehlern lernen, dann machen wir es ihnen leichter, ihre eigenen Fehler und Mißerfolge eher als Lektionen anzusehen, aus denen man etwas lernen kann, statt als Kennzeichen von Schmach und Unfähigkeit.

Jahrelang habe ich versucht zu begreifen, weshalb J. D. Salingers Roman *Der Fänger im Roggen* für so viele junge Menschen zum Kultbuch wurde. Er fängt die Sensibilität und den Idealismus junger Menschen ein, der von Leuten, die älter sind als sie, nicht immer erkannt wird, und er prangert die »Verlogenheit« der Erwachsenenwelt an. Holden Caulfield, der sechzehnjährige Held des Romans, tut ständig Menschen als »nicht echt«, als »schauspielernde Schwindler« ab. Wie Sie ja vielleicht, im Rückblick auf Ihre eigenen Jugendjahre oder die Ihrer Kinder, noch wissen, ist das Aufspüren von Heuchelei der Eltern und anderer Autoritätsfiguren eine Hauptbeschäftigung von Teenagern. Warum ausgerechnet die Heuchelei, von all den Sünden, für die die menschliche Seele anfällig ist? Ich vermute, daß junge Menschen so heftig darauf reagieren, weil sie für sie ein akutes Problem darstellt. Sie sind von den Widersprüchlichkeiten beunruhigt, die sie in sich entdecken – am einen Tag sind sie tapfer, am nächsten verstecken sie sich hinter Lügen, am Morgen sind sie grob und roh zu einem Freund und am Nachmittag nett zu ihm. Geradeso wie sie den Sportler übermäßig bewundern, weil er seinen Körper unter Kontrolle gebracht hat, während sie mit dem ihren so viele Schwierigkeiten haben, bewundern sie den Menschen, der »ausgeglichen« ist, der tagaus, tagein konsequent nach denselben Werten leben kann (wie ja auch wir von jemandem, der extreme, aber konsequente politische Ansichten vertritt, bewundernd sagen: »Ich bin nicht gleicher Meinung wie er, aber zumindest weiß man, wo er steht«). Teenager werden von den Widersprüchlichkeiten ihrer Eltern unverhältnismäßig stark durcheinandergebracht, weil ja ein Teil von ihnen die ganze Zeit inbrünstig hofft: »Bis ich einmal in diesem Alter bin, werde ich das Problem gelöst haben. Dann weiß ich schon, wer ich bin und wofür ich eintrete.« Sie sind mehr als enttäuscht, sie sind verstört, wenn sie aus dem

96

Verhalten ihrer Eltern entnehmen, daß dies auch noch für Erwachsene ein akutes Problem darstellt.

Wie reagieren wir, wenn unsere Kinder uns der Widersprüchlichkeit bezichtigen? Wir können reagieren wie Adam im Garten Eden – Anspruch erheben auf Vollkommenheit, unsere Fehler abstreiten, nach jemandem suchen, dem wir die Schuld zuschieben können, oder nicht anerkennen, daß jeder das Recht hat, uns zu beurteilen. Oder wir können das Feigenblatt der Vollkommenheit fallenlassen und uns als menschliche Wesen zeigen – unser Bestes tun, einige Dinge hinkriegen und andere verkehrt machen und dabei weiterwachsen und weiterkämpfen. Innere Einheit ist nicht etwas, das Erwachsene haben und Jugendliche erstreben können. Innere Einheit ist etwas, worum wir alle, in allen Altersstufen, ständig ringen.

Was man von älteren Kindern behauptet hat, läßt sich ebenso auf kleine Kinder anwenden: Sie brauchen so wenig von uns, aber dieses wenige brauchen sie so sehr. Sie brauchen die Erlaubnis, Fehler zu machen, und daß man sie deswegen nicht als »böse« oder »ungezogen« bezeichnet. Wir gaben ihnen diese Erlaubnis, als sie körperlich wuchsen. Als unsere Kinder ein knappes Jahr alt waren und gerade anfingen zu laufen, machten sie in der Regel versuchsweise einen oder zwei Schritte und fielen dann hin. Wir schimpften sie nicht aus wegen ihrer Unbeholfenheit. Wir lobten sie wegen ihrer angestrengten Versuche, etwas Neues zu tun, und gaben ihnen die Gewißheit, daß sie darin durch beharrliches Üben besser würden. Wir schulden ihnen das gleiche Lob und die gleiche Geduld bei ihrem sittlichen Wachstum.

Und Kinder haben es dringend nötig zu wissen, daß man sie liebt und ihnen vertraut, weil sie manchmal sich und ihre Unzuläng-

97

lichkeiten so gut kennen, daß in ihnen Zweifel aufkommen müssen, ob sie liebenswert oder vertrauenswürdig sind, und weil wir manchmal vergessen oder uns emotional schwertun, es ihnen zu sagen.

Ich kenne einen Mann, einen erfolgreichen Unternehmensleiter, der zwölf Stunden am Tag, sechs Tage in der Woche arbeitet, um sein Unternehmen noch erfolgreicher zu machen, als es bereits ist. Er muß das nicht tun. Er ist finanziell abgesichert; seine Firma wird auf absehbare Zeit zweifellos weiterhin erfolgreich sein. Er könnte leicht mehr Zeit auf seiner selten genutzten Jacht, in seinem Ferienhaus oder auf dem Golfplatz verbringen. Warum arbeitet er weiterhin so hart? Weil sein Vater ein erfolgreicher Geschäftsmann war und mein Freund auf den Tag hinlebt, an dem er hören wird, daß sein Vater zu ihm sagt: »Ich bin stolz auf dich; du bist genauso gut, wie ich es immer war.« Mein Freund verschleißt sich, um dieses Kompliment zu ernten, aber er wird es niemals hören. Sein Vater ist seit fünfzehn Jahren tot.

Mein Freund konnte nie über die Tatsache hinwegkommen, daß er als Kind immer in Ungewißheit war, wie sehr ihn sein Vater liebte. Man brachte ihm bei, daß Liebe verdient werden mußte: »Du mußt schon Besseres leisten als das, wenn du darauf spekulierst, daß ich zufrieden bin.« Der Vater meines Freundes war in der Geschäftswelt gefürchtet und geachtet und benutzte wahrscheinlich diesen Ansatz, um bei seiner Belegschaft gute Ergebnisse zu erzielen – er verlangte viel und lobte selten, so daß ein Kompliment vom »Alten« einer Tapferkeitsmedaille gleichkam. Und offenbar verhielt er sich zu Hause nicht anders. Im Büro funktionierte das. Die Leute arbeiteten härter, um seiner Kritik zu entgehen und womöglich sogar sein Lob zu ernten. Und in

98

gewisser Hinsicht »funktionierte« es auch zu Hause. Seine Kinder wurden alle dazu gebracht, in der Schule und in ihrem Beruf erfolgreich zu sein. Aber um welchen Preis? Wenn ich den Vater meines Freundes lange genug von den Toten zurückholen könnte, um ihm zwei Fragen zu stellen – »Wenn Sie hätten wählen müssen, wären Sie dann lieber ein erfolgreicher Geschäftsmann *oder* ein erfolgreicher Vater geworden? Hätten Sie Kinder lieber dazu erzogen, gut zu verdienen oder gute Menschen zu sein?« –, dann würden ihm vermutlich die Tränen in die Augen steigen, und damit bekäme ich meine Antwort noch vor jeder direkten Äußerung. Vielleicht gäbe er *seinem* Vater die Schuld oder den Verhältnissen, in denen er aufwuchs. Vielleicht würde er meine gedankliche Voraussetzung bestreiten: daß man nicht beides haben kann. (Selbstverständlich kann man beides haben, wenn man clever genug ist und genügend Glück hat, aber das letztlich unstillbare Verlangen meines Freundes nach elterlicher Anerkennung erinnert mich daran, wie schwer das zu schaffen ist.)

Ich versuche, meinem Freund klarzumachen, daß das Problem bei seinem Vater lag, nicht bei ihm. Sein Vater sagte nie: »Ich hab' dich lieb«, weil der Vater ein emotional beschränkter Mann war, und nicht weil der Sohn nicht liebenswert war. Ich mache ihn darauf aufmerksam, daß so viele Hunderte von Menschen innerhalb und außerhalb der Industrie seinen Geschäftssinn rühmen, daß seine Bilanz, seine Marktanteile, seine Wand voller Gedenktafeln und Auszeichnungen von seiner Leistung zeugen, und was er denn noch immer beweisen müsse? Aber nichts davon reicht aus, die Leere zu füllen, für die die Worte stehen, die er nie von seinem Vater gehört hat.

Ich habe miterlebt, was passiert, wenn ein Mann seinen Sohn (und in letzter Zeit: seine Tochter) in das Geschäft einsteigen läßt, das er über Jahre hin aufgebaut hat, manchmal um seinem Kind einen Vorsprung auf dem Weg zum Erfolg zu verschaffen, manchmal um damit sicherzustellen, daß sein Name und das Geschäft, das er gegründet hat, nach seinem Tode weiterbestehen. Wenn es klappt, kann es wundervoll sein. Aber oft starten diese Vorkehrungen mit hohen Erwartungen und verschlechtern sich zu Reibereien und häufig zu großem Kummer. Ich kann gar nicht mehr zählen, wie viele Male man mich gebeten hat, entweder einem Vater oder einem Sohn in einer Geschäftsbeziehung einen Rat zu geben, manchmal weil der Sohn einfach nicht die geschäftlichen Fähigkeiten hatte, über die der Vater verfügte, manchmal weil der Sohn (ausgerüstet mit einem Magisterdiplom für Betriebswirtschaft) Dinge verändern wollte und der alternde Vater darauf bestand, die Entscheidungsgewalt zu behalten. Freud schrieb einmal: »Jeder Mann mißgönnt einem anderen Mann seinen Erfolg«, während die Weisen des Talmud[16] es siebzehn Jahrhunderte früher so formulierten: »Jeder Mann mißgönnt einem anderen Mann seinen Erfolg, außer ein Vater seinem Sohn den seinen und ein Lehrer seinem Schüler den seinen.« Ich dachte früher, der Talmud verstünde die menschliche Natur besser, als Freud dies tat, aber ich habe so viele Fälle erlebt, in denen ältere Väter, manchmal äußerst erfolgreiche, auf einen Sohn neidisch waren, der jünger war, mehr Geld verdiente und die Bewunderung bekam, die man einst ihnen entgegenbrachte, daß ich mich frage, ob Freuds negativeres Urteil über die menschliche Natur nicht das zutreffendere sein könnte.

Es gibt eine merkwürdige Textstelle in der Bibel, im 19. Kapitel

100

des ersten Buchs der Könige.[17] Der Prophet Elijas ist nachgerade zutiefst entmutigt durch die Neigung der Israeliten, ihren Glauben an Gott aufzugeben und Götzen zu dienen. Er hat sein ganzes Leben lang versucht, sie anzuhalten, den Götzendienst zu meiden, aber sie kehren immer wieder dazu zurück. Deprimiert läuft er in die Wüste, den ganzen Weg bis zum Berg Sinai, wo Gott und das Volk Israel zum erstenmal ein Bündnis eingingen. Er wirft sich zu Boden und sagt Gott, daß er sich wie ein Versager vorkommt und sterben möchte, »denn ich bin nicht besser als meine Väter«. Gott antwortet mit einer leisen, unscheinbaren Stimme und beauftragt Elijas, bestimmte Dinge zu tun, um die Situation zu retten. Aber von dem Satz »Ich bin nicht besser als meine Väter« war ich immer beeindruckt. Wir alle scheinen dieses dringende Bedürfnis zu haben, besser als unsere Eltern zu sein. Fast will es scheinen, als hätten wir dadurch die Möglichkeit, sie gleichzeitig zu übertreffen und zu erfreuen.

Ich bin zu der Überzeugung gekommen, daß viele Männer und Frauen, die unter starken, erfolgreichen Vätern aufwuchsen, schließlich beruflich das tun, was ihre Väter als Hobby- oder Freiwilligenarbeit betrieben (mein Vater war ein erfolgreicher Geschäftsmann, der in seiner Synagoge tatkräftig mitwirkte; ich wurde ein Rabbiner), oder das als Nebenbeschäftigung betreiben werden, womit ihr Vater seinen Lebensunterhalt verdiente (das Lehrerkind, das als erfolgreicher Rechtsanwalt oder Unternehmer seinen Weg macht, findet Zeit, im örtlichen Gemeindecollege einen Kurs zu geben). Das ist eine Möglichkeit, in die Fußstapfen des Vaters zu treten, ohne sich mit ihm in einem Kopf-an-Kopf-Rennen messen zu müssen, ohne die Gefahr, nicht so gut zu sein wie er, oder das Risiko, ihn zu übertreffen.

Ich hatte oft den Verdacht, daß einer der Gründe, weshalb Kinder bedeutender Männer sich letztendlich zu Nullen entwickeln, nicht einfach darin liegt, daß ihre Väter sie bei ihrem Streben nach Rang und Würden vernachlässigten, sondern darin, daß ein bedeutender Mann seinen Kindern nicht viel Spielraum läßt, ihn zu übertreffen. In letzter Zeit habe ich viele erwachsene Kinder erfolgreicher Geschäftsmänner zu mir sagen hören: »Ich werde wahrscheinlich nie soviel Geld verdienen wie mein Vater. Ich werde wahrscheinlich meine Kinder nicht in einem so schönen Haus großziehen wie dem, in dem ich aufwuchs. Aber ich werde mir meinen eigenen, klaren Kopf bewahren. Ich werde mich nicht von meinem Beruf versklaven lassen. Ich werde an Wochenenden keine Arbeit mit nach Hause bringen. Ich habe ein besseres Gespür dafür, was wirklich wichtig ist, als meine Eltern.« Diese jungen Leute, die sich außerstande fühlen, sich mit ihren Vätern im Hinblick auf materiellen Erfolg zu messen, haben den Erfolg auf genau die Weise neu definiert, die ihnen das Gefühl gibt, »besser als mein Vater« zu sein.

Wenn wir, unter großer Mühe, eine Pose der Vollkommenheit beibehalten und wenn unsere Kinder uns glauben und uns bewundern (weil sie uns glauben und uns bewundern wollen), lassen wir ihnen wenig Spielraum, uns zu übertreffen, und wenig Hoffnung, dies auch zu schaffen. Aber wenn wir ihnen statt dessen ein Gefühl für unser unvollkommenes Menschsein und unsere unerledigten Zielsetzungen lassen (wie es König David letztlich seinem Sohn Salomo überließ, den Tempel zu bauen, wodurch Salomo etwas erreichte, das sein überaus erfolgreicher Vater nie zu tun vermochte), dann werfen wir keinen Schatten über sie und hemmen sie nicht in ihrem Wachstum, sondern lassen ihnen

102

vielmehr einen Spielraum, in dem sie wachsen und gedeihen können.

Mit etwas Anstrengung und etwas Übung können wir lernen, die harmlosen Fehler zu akzeptieren, die unsere Eltern gemacht haben. Wir können zu der Beurteilung gelangen, daß sie sowohl emotional als auch in ihren psychologischen Einsichten beschränkt waren, und wir können begreifen, weshalb sie die betreffenden Dinge taten. Aber wie verhält es sich mit Eltern, deren Fehler weniger harmlos und weniger verzeihlich waren?

Eine Frau kam an einem Sabbat nach dem Gottesdienst zu mir nach vorn und fragte, ob sie mit mir reden könne. Sie sagte mir, sie habe gerade erfahren, daß ihr Vater unheilbar an Krebs erkrankt sei und höchstens noch ein bis zwei Monate zu leben habe. Ich erwartete, sie werde mich darum bitten, Vorkehrungen für die Beerdigung zu treffen, und sich nach den Einzelheiten des *Shiva*-Sitzens, der dem Tode folgenden Gedenkwoche, erkundigen. Ich war nicht auf das gefaßt, worüber sie, aus einem wirklich dringenden Bedürfnis heraus, reden wollte.

»Ich hasse meinen Vater«, sagte sie mir. »Ich werd' es nicht bedauern, wenn er stirbt, und ich möchte nicht vortäuschen müssen, daß ich's tue. Er hat die Familie sitzenlassen, als ich neun Jahre alt war. Es stellte sich heraus, daß er die Jahre hindurch mehrere Freundinnen gehabt hatte und daß er vorhatte, seine derzeitige Geliebte zu heiraten. Meine Mama mußte zwei Jobs annehmen, um uns durchzubringen. Er zeigte kein Interesse an meinem Hochschul- oder meinem Collegeabschluß. Als ich heiratete, weigerte er sich, irgend etwas von der Hochzeitsfeier zu bezahlen, es sei denn, daß ich mich von ihm zum Traualtar führen ließe, und als ich ihm sagte, daß ich damit nicht klarkäme, ist er

103

nicht einmal erschienen. Das war vor mehr als zehn Jahren, und ich habe seitdem nicht mehr mit ihm geredet. Am Donnerstag hat mich seine zweite Frau angerufen, um mir zu sagen, daß er im Sterben liegt. Rabbi, können Sie mir irgendeinen Grund nennen, weshalb ich um einen Mann wie diesen trauern sollte, weshalb ich zur Beerdigung gehen oder für ihn das *Kaddisch* sprechen sollte?«

Ich sagte ihr: »Zuallererst – wenn Sie auf die Beerdigung gehen und hinterher feststellen, daß das ein Fehler war und daß es für Sie besser gewesen wäre, nicht hinzugehen, dann ist es eben nur ein Fehler, und Sie kommen einigermaßen schnell darüber hinweg. Aber wenn Sie der Beerdigung fernbleiben und hinterher erkennen, daß Sie hätten hingehen sollen, dann fürchte ich, daß Sie die Last dieser Schuld viel länger tragen werden. Was aber noch wichtiger ist – Sie haben jetzt Gelegenheit, den Vater zu betrauern, den Sie nie hatten. Nach dem, was Sie mir da erzählen, kann ich von Ihnen nicht verlangen, um Ihren wirklichen Vater zu trauern, der im Sterben liegt. Aber warum nutzen Sie nicht diese Gelegenheit, um den Vater zu trauern, den Sie hätten haben sollen, aber nicht hatten? Zeit seines Lebens war es Wut, was Sie ihm gegenüber empfanden, und ich kann verstehen, weshalb. Lassen Sie zu, daß Sie, sobald er gestorben ist, Traurigkeit wegen des Menschen empfinden, der zu sein er nicht fähig war, wegen des Fehlens eines Vaters, als Sie heranwuchsen, wegen des leergebliebenen Platzes bei Ihrer Hochzeitsfeier und all den anderen familiären Anlässen. Wenn Sie das *Kaddisch* sprechen, das Gebet des Trauernden, dann werden Sie keine Traurigkeit darüber, daß er starb, zum Ausdruck bringen. Sie werden Ihre Traurigkeit zum Ausdruck bringen – und innerlich bewältigen –, daß er Ihnen

104

nicht einmal, als er lebte, ein Vater sein konnte, und daß es jetzt, da er fort ist, für ihn nicht einmal mehr die bloße Möglichkeit gibt, dies Ihnen gegenüber wiedergutzumachen.«

Sie nahm an der Beerdigung teil und sagte mir hinterher, daß sie während des Gottesdienstes emotional sehr verwirrt war. Ihr war nicht ganz klar, was sie fühlte, aber zu ihrer Überraschung empfand sie keine Wut. Sie nahm etwa eineinhalb Monate lang wöchentlich am Gottesdienst teil und hörte dann damit auf, was ich für ein gesundes Zeichen hielt, daß sie nicht mehr von Wut und Groll gegen einen Mann erfüllt war, der nicht mehr lebte, und über eine Sachlage, an der man nichts ändern konnte.

Auch unter weniger extremen Umständen zwingt die Verwundbarkeit und Bedürftigkeit eines alternden, kranken oder sterbenden Elternteils ein erwachsenes Kind, sich seiner oder ihrer gegenüber diesem Elternteil empfundenen Wut zu stellen, einer Wut, die möglicherweise jahrzehntealt und ungerecht ist, die aber nichtsdestoweniger vorhanden ist. Die Verwundbarkeit eines kranken, sterbenden Vaters, seine flehentlichen Bitten an uns, mehr Zeit mit ihm zu verbringen, veranlassen uns möglicherweise dazu, uns Zeiten ins Gedächtnis zurückzurufen, wo er nicht für uns da war, zu sehr mit Arbeit oder Freunden beschäftigt, um uns in einer Highschool-Theateraufführung zu sehen, oder die Zeiten, in denen er körperlich da, aber emotional unerreichbar war. Die Schauspielerin Lynn Redgrave erinnert sich, wie sie als Kind das Tagebuch ihres Vaters fand, gespannt darin den Tag aufblätterte, an dem sie geboren wurde, und niedergeschmettert feststellen mußte, daß das Tagebuch ihre Geburt mit keinem Wort erwähnte und nur Notizen zu dem Stück, das er gerade probte, und zu den deutschen Luftangriffen über London enthielt. Erst nach seinem

Tod war sie imstande, sich mit seiner emotionalen Unnahbarkeit abzufinden, seiner Unfähigkeit, das zu fühlen und zum Ausdruck zu bringen, was sie von ihm wollte und brauchte, und zu lernen, diesen Sachverhalt als einen fehlerhaften Zug an ihm, nicht an ihr, anzusehen.

Viele von uns tragen Erinnerungen an Zeiten mit sich herum, in denen wir um etwas baten und man es uns abschlug. Unsere Eltern mögen durchaus recht gehabt haben, uns mit einem Nein zu antworten, oder sie mögen aus absolut redlichen und verständlichen Gründen unrecht gehabt haben. Aber es hinterließ eine Narbe, die bewirkt, daß wir Jahre später verwirrte und ambivalente Gefühlsregungen empfinden, wenn unsere Eltern uns in ihrer Zeit der Bedürftigkeit um etwas bitten.

Ich erlebe dies nur allzuoft mit, wenn ein Elternteil unheilbar krank ist und die Ärzte die Kinder um Erlaubnis bitten, von künstlich lebensverlängernden Maßnahmen abzusehen. Genaugenommen bitten sie das betreffende Kind, Mutter oder Vater sterben zu lassen. Wie trifft ein erwachsenes Kind eine solche Entscheidung? Wie verschafft der/die Betreffende sich innerlich Klarheit darüber, ob die Entscheidung, keine künstlich lebensverlängernde Behandlung einzusetzen, dadurch motiviert ist, daß er/sie das Leid des Elternteils nicht verlängern will, durch das Widerstreben, das Geld dafür auszugeben, wenn die Sache gar nichts bringt, durch die Wiederkehr eines verdrängten, in der Kindheit vergrabenen Wunsches, mit den Eltern abzurechnen und sie tot zu sehen, oder einfach durch den Überdruß, jeden Tag zum Krankenhaus fahren und einen Parkplatz finden zu müssen? Ebendeshalb empfehle ich, daß die Entscheidung nicht den Kindern überlassen bleiben sollte, sondern daß die Ärzte, vielleicht

106

nach Rücksprache mit dem für die Familie zuständigen Seelsorger, den Kindern sagen sollten (wie es die Ärzte meines Vaters meinem Bruder und mir sagten, als es soweit war): »Also, genau das würden wir empfehlen; sind Sie damit einverstanden?« Auf diese Weise werden die Kinder nicht aus dem Entscheidungsprozeß herausgehalten, aber man bürdet ihnen nicht die Last – samt dem nachträglich entstehenden Schuldgefühl – auf, diese schreckliche Entscheidung zu treffen.

Wenn ein Elternteil stirbt, und sei es auch ein Elternteil, den wir liebten und mit dem wir uns vertrugen, dann trauern wir nicht nur wegen der Tatsache, daß er/sie nicht mehr bei uns sein wird, um Geburtstage und Schul- oder Studienabschlüsse mitzufeiern. Wir trauern auch wegen einer weiteren Tatsache: Wenn es Worte gab, die hätten gesprochen werden sollen und nicht gesprochen wurden, so bleiben sie jetzt für immer ungesagt. Wenn wir uns nach seiner/ihrer Anerkennung sehnten und er/sie aufgrund seiner persönlichen Wesensart nicht fähig war, sie in Worte zu fassen, dann werden wir jetzt diese Worte nie und nimmer hören. Wenn wir vorhatten, uns bei ihm dafür zu entschuldigen, daß wir ihn als Heranwachsende mit unseren Exzessen verletzten, und es aufgeschoben haben, weil wir uns schwer damit taten, weil wir uns sagten: »Das ist doch so lang her, weshalb es jetzt wieder hervorholen?« – so erkennen wir jetzt klar, daß wir nie mehr die Möglichkeit dazu haben werden. Ebendeshalb bitten Therapeuten häufig Patienten, die um einen Elternteil trauern, »einen Brief an den verstorbenen Elternteil zu schreiben. Sagen Sie darin all die Dinge, die Sie so gern zu seinen/ihren Lebzeiten gesagt hätten, und dann schreiben Sie einen Brief an sich selbst, im Namen des verstorbenen Elternteils, und sagen Sie all die Dinge, die Sie so gerne von ihm/ihr gehört hätten, als er/sie noch lebte.« Und ebendeshalb geben uns alle Religionen wohldurchdachte Bräuche des Trauerns und Klagens um einen Elternteil; dabei werden in einer rituellen Handlung all die auf beiden Seiten der Beziehung unvermeidlichen Enttäuschungen ausgeglichen und ausgesöhnt.

Einige Leute haben mir erzählt, sie hätten den Bestsellerautor John Bradshaw im Fernsehen sagen hören, daß praktisch alle Familien funktional gestörte Familien seien. Aber das hat Bradshaw so nicht behauptet. Er hatte einen anderen Psychologen zitiert, mit dessen Aussage, daß 96 Prozent der Familien funktional gestört seien, und er fügte dann rasch hinzu, daß man die Zahl nicht wörtlich nehmen solle. Er wollte damit nur die Aufmerksamkeit anheizen.

Ich finde es interessant, daß so viele Menschen hörten, was sie hören wollten: einen Sachverständigen von nationalem Rang, der ihnen sagt, sie hätten Probleme, weil ihre Eltern sie verkorkst hätten. Sie begrüßten diese Verlautbarung. Sie dachten, sie enthebe sie der Verantwortung; an ihren Problemen seien ihre Eltern schuld, nicht sie. Aber genaugenommen – und dies werde ich zu zeigen versuchen – vermehrt dieser Standpunkt (den ich energisch ablehne) eigentlich ihre Last an Verantwortung.

96 bis 100 Prozent aller Familien sind nur dann funktional gestört, wenn wir unter »funktional gestört« verstehen, daß sie in irgendeiner Weise nicht absolut perfekt sind. Wenn jeder Elternteil, der jemals einen Fehler macht, ein funktional gestörter Elternteil ist, weil dieser Fehler bei uns seine Spuren hinterläßt, dann kommen wir tatsächlich alle aus einem funktional gestörten Elternhaus. Wenn es darum geht, ein Raumschiff zu konstruieren oder eine Brücke zu bauen, kann *eine* Unvollkommenheit das ganze Projekt

108

wertlos machen. Aber ein Kind zu einem voll entwickelten menschlichen Wesen großzuziehen ist so viel komplizierter, als ein Raumschiff zu bauen, daß eine auf Null festgelegte Fehlergrenze einfach unrealistisch ist. Zum Glück sind Kinder zäh genug, um die meisten unserer Fehler zu überstehen, besonders wenn diese vor einem Hintergrund der Liebe und des Rückhalts geschehen, der frei ist von Vollkommenheitserwartungen unsererseits wie auch ihrerseits.

Es gibt keine vollkommenen Familien. Es gibt Familien, die wirklich funktional gestört sind, geplagt von Alkoholismus, Inzest und Gewalttätigkeit, aber glücklicherweise gibt es relativ wenige solcher Haushalte. Und dann gibt es uns, die übrigen, großgezogen in Elternhäusern, in denen liebevolle, wohlmeinende Eltern, die selbst das Produkt wohlmeinender, aber fehlerhafteter Eltern sind, versuchen, bei uns ihr Bestes zu tun, und einige Dinge hinkriegen und einige Dinge verkehrt machen.

Jene Leute, die mir gegenüber Bradshaw (falsch) zitierten, sagten damit, daß sie das Recht hätten, von ihren Eltern Vollkommenheit zu erwarten, und heute berechtigt seien, es ihren Eltern übelzunehmen, daß diese ihre Sache nicht völlig einwandfrei hingekriegt hatten. Aber sind ebenjene Leute bereit, ihren eigenen Kindern zu sagen: »Ihr habt das Recht, von mir zu erwarten, daß ich vollkommen bin, alle Antworten weiß, immer verfügbar und niemals verwirrt oder beunruhigt bin«? Und sind sie bereit, den Bedingungen dieses Vertrags gemäß zu leben? Und ich vermute: Die Streitfrage, ob fehlerbehaftete Menschen das Ergebnis funktional gestörten Elternverhaltens sind, sieht ganz anders aus, wenn wir Eltern werden und erkennen, was für ein harter Job das ist. (War das nicht, bei allen von uns, der Fluch unserer Mutter,

109

wenn sie aufgebracht über uns war: »Ich wünsch' dir, daß du eines Tages ein Kind hast, das genau so ist wie du«?)

In Marian Wright Edelmans Bestseller *Das Maß unseres Erfolges* gibt es ein Kapitel mit dem Titel »Ein Brief an meine Söhne«. Darin steht der folgende bemerkenswerte Abschnitt:

»Ich bitte euch um Vergebung wegen all der Zeiten, in denen ich geredet habe, wenn ich hätte zuhören sollen; in Wut geriet, wenn ich nachsichtig hätte sein sollen; gehandelt habe, wenn ich hätte abwarten sollen; mich gefürchtet habe, wenn ich hoch erfreut hätte sein sollen; geschimpft habe, wenn ich hätte ermutigen sollen; kritisiert habe, wenn ich ein Kompliment hätte machen sollen; nein gesagt habe, wenn ich hätte ja sagen sollen, und ja gesagt habe, wenn ich hätte nein sagen sollen. Ich wußte nicht besonders viel über Elternverhalten oder wie man um Hilfe bittet. Ich gab mir oft zu große Mühe und wollte und forderte so viel und versuchte manchmal fälschlicherweise, euch so zu formen, wie ich euch meiner Wunschvorstellung nach haben wollte, statt euch einfach zu entdecken und zu hegen, während ihr zum Vorschein kamt und euch entwickeltet.«

Ich möchte zwei Dinge über diesen Abschnitt sagen. Erstens glaube ich, daß neunzig Prozent aller Eltern so empfinden (und im Gegensatz zu Bradshaw plädiere ich dafür, diese Zahl wörtlich zu nehmen). Ich weiß, daß ich es tue. Nach außen hin verteidigen und rechtfertigen wir uns möglicherweise damit, daß wir recht hatten, aus der unangebrachten Vorstellung, wir wären bessere Eltern, wenn man uns als vollkommen ansähe. Aber in unserem Herzen liegt das Bedauern über all die Dinge vergraben, die wir so gerne anders gemacht hätten. Jede Zeile von Frau Edelmans Brief ruft in mir Erinnerungen an Augenblicke im Leben meiner

110

Kinder wach, an Momente, die ich so gerne wiederhätte, um noch mal von vorn anzufangen und es diesmal richtig zu machen: Tage, an denen ich zu viel von meiner Seele in meine Arbeit investierte und zu wenig übrig hatte, wenn ich nach Hause kam; Zeiten, in denen ich die Worte meiner Kinder für bare Münze nahm und ihre Fragen oberflächlich und fix beantwortete, wenn ein bißchen mehr Hellhörigkeit das dringende Bedürfnis oder die Angst hinter der harmlosen Frage aufgedeckt hätte.

Zweitens sind sehr wenige Eltern mutig genug, die Rüstung elterlicher Sachkompetenz abzulegen und ihre eigene Verwundbarkeit zu enthüllen, indem sie dies ihren Kindern sagen. Ich weiß nicht, ob Marian Wright Edelman auch mutig genug war, es ihren Söhnen mündlich und direkt zu sagen. Möglicherweise hat sie es statt dessen in ihrem Buch geschrieben (was ich ja ebenso tue, wie mir gerade in den Sinn kommt).

Der schwierigste Teil beim Schreiben dieses Kapitels bestand für mich darin, mich meinen Erinnerungen an meine eigenen Eltern, die inzwischen beide verstorben sind, zu stellen, und all dem vergrabenen Groll, den ich noch immer wegen der von ihnen begangenen Fehler gegen sie hege. Beide waren gute, freundliche, liebevolle Menschen, die mir in vielerlei Hinsicht ein glänzendes Beispiel gegeben haben, aber sie waren nicht vollkommen. Sie begingen ihr Quantum an Fehlern. Wenn es so etwas gäbe wie gerichtlich belangbare elterliche Kunstfehler, dann hätte ich vermutlich einen skrupellosen Rechtsanwalt finden können, der die Beweismittel zusammengetragen und meinen Fall vertreten hätte.

Meine Eltern brachten mir durch Unterweisung und Beispiel bei, Erziehung und Ausbildung ernst zu nehmen, ehrlich und gütig zu

111

sein, mich auf eine bestimmte Religion festzulegen, doch gegenüber Andersgläubigen oder Religionslosen respektvoll zu sein. Für all das bin ich ihnen dankbar. Mir ist erinnerlich, wie mein Vater bedürftigen Verwandten in Übersee Geld schickt, wie er die erste schwarze Familie in unserem Häuserblock willkommen heißt, wie er entrüstet Vorschläge zurückweist, er solle seine Steuererklärungen mittels bestimmter Tricks fälschen, hinter die man wahrscheinlich nie kommen würde, und ich freue mich, wenn ich ebendiese Eigenschaften an mir selbst entdecke. Aber gleichzeitig hatte mein Vater einige weniger bewundernswerte Eigenschaften – er konnte ungeduldig und herablassend sein, er konnte uns wahnsinnig machen, wenn er sich hinter einer Zeitung versteckte und sich von den anderen, im selben Zimmer befindlichen Menschen absonderte, und er schätzte es nie sehr, wenn man ihn auf diese Fehler hinwies –, und es stört mich schrecklich, wenn ich mich dabei ertappe, daß ich mich wie er verhalte, und mich daran erinnere, daß ich mir in jüngeren Jahren geschworen habe: »So werde ich nie sein, wenn ich erwachsen bin.«

Meine Eltern waren, wie die meisten ihrer Freunde, aus Europa stammende, mittelständische Juden, die in eine gutartig konkurrierende Clique integriert waren, in der man mit Hilfe der den Bildungsweg und Beruf betreffenden Leistungen der eigenen Kinder Anrechte auf Prahlerei sammelte. Ich habe den Verdacht, daß sie (vielleicht unbewußt) ebensosehr den Neid ihrer Freunde im Kopf hatten wie mein Wohlergehen, als sie mich durch die Schule schubsten, so daß ich mit sechzehn im College war und im Alter von gerade mal zwanzig Jahren in einem anspruchsvollen Graduiertenprogramm. (Mein Vater lebte lang genug, um mitzuerleben, wie ich einen nationalen Ruf als Autor und Vortra-

112

gender erlangte, und da keines der Kinder seiner Freunde jemals so viel erreichte, nehme ich an, daß das heißt: Er hat »gewonnen«.) Wahrscheinlich hätte ich von einer normaleren Ausbildung profitiert, aber ich habe in so vielerlei Hinsicht von meinen Eltern profitiert, daß ich weiß: Meine Regungen des Grolls sind unsinnig. Doch aus welchen Gründen auch immer – ich stelle viele Jahre später fest, daß ihre unbedeutenden Fehler mich mehr stören, als ihre bedeutenden Vorzüge mich erfreuen. Vielleicht deswegen, weil ich meine Eltern so sehr bewunderte und darum wollte, daß sie vollkommen sind. Aber nachdem ich ihre Fehler überstanden habe, sollte ich, wie ich meine, froh sein, daß sie es nicht waren. Wer würde wirklich das Kind vollkommener Eltern sein wollen?

Thomas Moore schreibt in seinem Buch *Seelengefährten:* »Unsere Aufgabe als Erwachsene könnte folglich darin bestehen, nach allem zu suchen, was erforderlich ist, um unseren Eltern zu vergeben, daß sie unvollkommen sind. In manchen Familien wird diese Unvollkommenheit geringfügig sein, in anderen schwerwiegend, aber auf jeden Fall müssen wir mit Unheil und Leid in unserem eigenen Leben ohne Beihilfe eines Sündenbocks fertig werden. Genaugenommen wäre unser Leben nur um so reicher, wenn wir die Ausrede, unsere Eltern hätten versagt, loslassen könnten … Indem wir uns in negativen und krankhaften Gedanken über die Familie ergehen, distanzieren wir uns von Familienangehörigen und bringen uns um die Gelegenheit, durch sie bereichert zu werden.«

Eva, die nie eine Mutter hatte, die sie mit einem Rollenmodell hätte versorgen können, versuchte, ihre Kinder zu »besitzen«, in der Hoffnung, sie würden es hinbekommen und ihre, Evas, Fehler

113

wettmachen. Die Ergebnisse waren entmutigend. Eines der Kinder wurde von seinem Bruder umgebracht, der dann ein Flüchtling wurde, bevor sie und Adam mit verminderten Erwartungen noch einmal von vorn beginnen konnten. In gewisser Hinsicht ist die Bibel eine Chronik guter Menschen, die schlechte Eltern sind – man denke an Abraham, der einen seiner Sohne verstößt und den anderen beinahe ermordet, an Isaak, Rebekka und Jakob, die alle eines ihrer Kinder vor dem/den anderen bevorzugen und dadurch Schwierigkeiten in der Familie verursachen, an Jakobs Söhne, die auf ihren Bruder Josef mörderisch eifersüchtig sind. Doch diese »funktional gestörten« Familien brachten Menschen hervor, die trotz all ihrer Narben und seelischen Verletzungen den Grundstock zur westlichen Kultur legten.

Marian Wright Edelman bittet ihre Kinder, ihr zu vergeben. Thomas Moore appelliert an uns, unseren Eltern zu vergeben. Ich bin mir nicht sicher, ob Vergebung das richtige Wort ist. Möglicherweise ist Vergebung das angemessene Zahlungsmittel, wenn wir gerade erwachsen geworden sind. Zu dem Zeitpunkt, wo wir selbst Eltern werden, ist die angebrachte Münze wahrscheinlich nicht Vergebung, sondern Verständnis und dankbare Wertschätzung, denn dann werden wir selbst die gleichen Fehler gemacht haben und schließlich begreifen, wie unsinnig es war, von einem nur menschlichen Elternteil Vollkommenheit zu erwarten.

Victoria Farnsworth schreibt: »Erst als ich Mutter wurde, begriff ich, wie viel meine Mutter für mich geopfert hatte. Erst als ich Mutter wurde, konnte ich nachempfinden, wie verletzt meine Mutter war, wenn ich nicht gehorchte. Erst als ich Mutter wurde, wußte ich, wie stolz meine Mutter war, wenn ich etwas leistete.

114

Erst als ich Mutter wurde, erkannte ich klar, wie sehr meine Mutter mich liebte.«

Wenn wir uns von dem Märchen befreien, daß Gott uns nur lieben wird, sofern wir vollkommen sind, dann werden wir nicht mehr glauben, wir müßten Eltern vollkommener Kinder sein, um bewundert zu werden, oder Kinder vollkommener Eltern, um zu überleben und Erfolg zu haben.

Ich halte es nicht für erforderlich, meinen Eltern die Fehler zu vergeben, die sie begingen. Es ist keine Sünde, ein Mensch zu sein. Sie waren Amateure in einem schwierigen Spiel, in dem selbst Experten nicht immer alles richtig machen. Jenseits von Vergebung liebe und bewundere ich sie, wegen all der guten Dinge, die sie vollbrachten, und ich hoffe, daß ich diese Liebe und Bewunderung in der Form gezeigt habe, wie sie sich das von mir gewünscht hatten – indem ich viele jener guten Eigenschaften an meine eigene Tochter weitergab, die, so bete ich, ihrerseits dazu bewogen werden wird, mich zu verstehen und zu bewundern.

Kapitel fünf

Lieber glücklich

als moralisch im Recht sein

*I*n einem früheren Kapitel, in dem ich den biblischen Schöpfungsbericht zusammenfaßte, der schließlich zu jener ersten Handlung des Ungehorsams überleitet, schilderte ich, wie Gott eine Gefährtin für Adam formte, indem Er eine seiner Rippen nahm, und fügte dann hinzu: »(oder vielleicht war es keine Rippe)«. Es ist jetzt an der Zeit, diese eingeklammerte Bemerkung zu erläutern. Das in der Erzählung benutzte hebräische Wort ist *Tsela,* was häufig »Rippe« bedeutet, und spätestens zur Zeit des Urchristentums waren sowohl Juden als auch Christen mit der Geschichte vertraut, der zufolge Gott Eva aus Adams Rippe formte. Aber häufiger bedeutet das Wort *Tsela* »Seite«, etwa im 2. Buch Mosis 26, 26 sowie an vielen anderen Stellen, und ich neige dazu, mich der Meinung der Bibelgelehrten anzuschließen, die in dem zweiten Genesis-Kapitel die biblische Entsprechung zu einem in griechischen und hinduistischen Quellen entdeckten und in vielen anderen alten

117

Kulturen vorkommenden Mythos sehen. Diese Entsprechung würde folgendermaßen lauten:

Als die Krone der Schöpfung formte Gott ein zweiseitiges menschliches Wesen, dessen eine Seite männlich und dessen andere Seite weiblich war. »Als Mann und Frau schuf Er sie«, (Gen. 1, 27). Da nun dieses androgyne Geschöpf keinen geeigneten Gefährten unter all den Tieren finden konnte, ließ Gott es einschlafen und trennte »chirurgisch« die eine *Seite* von der anderen: Das ergab einen männlichen Menschen und einen weiblichen Menschen, die dann geeignete Gefährten füreinander waren. Ebendeshalb schließt der Bericht von der Erschaffung Evas mit den Worten: »Darum verläßt der Mann Vater und Mutter und bindet sich an seine Frau, und sie werden *ein* Fleisch« (Gen. 2, 24). Das heißt: Wenn Mann und Frau zusammenkommen, dann stellen sie das Einheitsgefühl wieder her, das sie im Augenblick ihrer ursprünglichen Erschaffung hatten.

(Wir finden die gleiche Geschichte in Platons *Symposion*[18], nur daß in der griechischen Version einige der ursprünglichen Doppelgeschöpfe zwei Männer waren, womit begründet wird, weshalb manche Männer männliche Partner suchen.)

Legt man den Wortsinn dieses einen hebräischen Wortes auf »Seite« statt auf »Rippe« fest, so ergeben sich daraus zahlreiche und bedeutsame Folgerungen. Zunächst einmal macht dies aus Eva einen vollgültigen Partner in der Schöpfung und eben keinen nachträglichen Einfall. Was noch interessanter ist – die Ehe bekommt dadurch für Menschen eine Bedeutung, die weit über das hinausgeht, was sie für andere Geschöpfe bedeuten kann. Sie ist mehr als eine Methode, Kinder auf die Welt zu bringen und die Art zu erhalten. Sie ist mehr als eine Methode, unsere Fähigkeit

118

zu bestätigen, jemand vom anderen Geschlecht für uns einzunehmen (ein Grundzug, den wir mit mehreren anderen Tierarten gemeinsam haben, bei denen die Männchen sich um die attraktivsten Weibchen bewerben). Menschen heiraten, um Ganzheit zu erlangen, sich vollständig zu machen. Der tiefste Grund, sich mit jemandem zu verheiraten, besteht weder darin, uns sexuell oder psychisch zu befriedigen, noch darin, uns die Gelegenheit zu verschaffen, eine andere Person zu erfreuen und zu befriedigen. Diese neue Auslegung der Geschichte von der Erschaffung der ersten Menschen würde uns mitteilen, daß der Zweck der Ehe darin besteht, eine neue Wesenheit zu schaffen, ein einziges Wesen, das aus zwei ehemals getrennten Individuen zusammengesetzt ist, von denen jedes jeweils liefert, was dem anderen fehlt. Ebendeshalb ist die Ehescheidung – wie legal erreichbar und gesellschaftlich akzeptabel sie auch sei, und wie notwendig sie auch in Einzelfällen sein mag – immer eine so äußerst schmerzhafte Erfahrung. Sie stellt die »chirurgische« Trennung zweier Seelen dar, die miteinander verschmolzen waren. Zu den schlimmsten Momenten in meinen dreißig Jahren als Rabbiner kam es vielfach dann, wenn ich in die Streitereien eines Paares verwickelt wurde, das sich einmal geliebt hatte und sich jetzt unversöhnlich gegenüberstand. Wie ein Freund von mir einmal sagte: »Ich habe nie gewußt, wie wütend ich werden kann – bis ich geheiratet habe.« Es zeugt von enormem Mut, jemanden zu lieben, sich verwundbar zu machen, indem man sich jemandem innerlich so sehr zuwendet, daß er/sie einen in einer Weise verletzen kann, wie dies Fremde nicht können, und er/sie es versteht, einen mit einem absolut sicheren Gespür zu verletzen, das Außenstehende nie haben können. Mich quält der Gedanke,

119

daß Menschen, die um eine gescheiterte Ehe nicht trauern, die sagen: »Es hat gleich von Anfang an nicht gestimmt, ich hätt' es schon eher tun sollen«, sich wie jemand verhalten, der bei einer Bestattung nicht trauert. Sie begraben ihre Traurigkeitsgefühle und werden sich ihnen doch irgendwann stellen müssen.

So eine innige Verbindung kann, wenn sie klappt, ein grandioses Gefühl in uns freisetzen – für viele von uns das grandioseste, das sie je kennenlernen werden –, das Gefühl, über unser Isoliertsein in der Welt hinauszugelangen und einen neuen Ganzheitssinn zu entdecken, eine Empfindung, daß sich die leeren Räume in unserem Leben füllen. Wenn die Verbindung nicht klappt, dann sind wir innerlich mehr als nur enttäuscht. Wir fühlen uns hintergangen. Wir haben erwartet, daß die andere Person alles richtig macht, unsere Probleme zum Verschwinden bringt, und jetzt stellt sich heraus, daß sie neue Probleme, ihre eigenen, in die Wesens-Mischung hineingebracht hat.

Eines der Grundbedürfnisse jedes Menschen ist das Bedürfnis, geliebt zu werden; daß man unsere Wünsche und Gefühle ernst nimmt; daß man uns als Menschen bestätigt, die von Belang sind. Geburtstagsparties können dieses Bedürfnis stillen; der Anblick unseres Namens oder Bildes in der Zeitung hat bei uns dieselbe Wirkung. Säuglinge brauchen Liebe von ihren Eltern, so sicher, wie sie Nahrung und Wärme brauchen, und die Folgen sind entsetzlich, wenn sie keine bekommen. Und während wir der Abhängigkeit von unseren Eltern entwachsen, beginnen wir die Suche nach jemandem, der uns auf einzigartige und innige Weise zugetan ist.

Wenn wir sehr jung sind, setzen wir durch unsere individuelle Fähigkeit, mit Personen des anderen Geschlechts Beziehungen

120

einzugehen, den »Marktwert« unserer Attraktivität fest. Freunde und Freundinnen sind der Spiegel, in dem wir abschätzen, wie attraktiv und liebenswert wir sind. Oft suchen junge Männer Freundinnen und später Ehefrauen, die für sie »Trophäen« sind – Partnerinnen, die sie nicht wegen deren persönlicher Eigenschaften suchen, sondern wegen deren Fähigkeit, andere damit zu beeindrucken, daß der betreffende junge Mann fähig ist, eine solch begehrenswerte Gefährtin zu erobern. Junge Frauen wetteifern um das Recht, mit dem begehrtesten Studenten gesehen zu werden und später den Mann zu heiraten, um den andere Frauen sie beneiden werden. Junge Mädchen beschäftigen sich wie besessen damit, einen Freund zu haben, einen Freund halten zu können, einen Freund nicht an ihre beste Freundin zu verlieren und sich verzagt zu fragen, ob das Leben ohne einen Freund lebenswert ist, wohingegen junge Männer nervös schwitzen, während sie sich darauf vorbereiten, ein Mädchen wegen einer Verabredung anzurufen, und riskieren, sich eine Abfuhr zu holen. Und jene unter uns, die nicht die äußerst begehrenswerten Partner für sich einnehmen können, werden ständig auf subtile oder auch weniger subtile Weise daran erinnert, daß sie sich wegen ihrer Beschränkungen mit der »zweiten Garnitur« begnügen müßten. Letztendlich wachsen wir aus dieser Sichtweise nie völlig heraus. Ein Teil von uns hört nicht auf zu denken, daß unser Wert als Mensch von dem Begehrenswertsein des Gefährten/der Gefährtin bestimmt wird, den/die wir für uns einzunehmen fähig sind. »Wenn ich ihn/sie dazu bringen kann, mich zu lieben, muß ich ziemlich toll sein. Wenn ich mich mit dem Freund/der Freundin begnügen muß, für den/die sich niemand sonst interessiert, sagt das auch etwas über mich aus.«

121

Vor einigen Jahren brachte das *Boston-Magazine*, eine gehobene Monatsschrift, einen Beitrag über die Probleme, mit denen erfolgreiche Geschäftsfrauen bei der Suche nach einem geeigneten Ehepartner zu kämpfen haben. Im Verlauf dieses Beitrags stellte man die Frau vor, die als die »Abonnementkarten-Lady« bekannt wurde. Eine Geschäftsfrau in leitender Position wurde über ihre Bemühungen interviewt, Männer kennenzulernen, die so gescheit, so dynamisch, so erfolgreich waren wie sie. Sie schilderte, wie sie endlich einen charmanten, rücksichtsvollen, erfolgreichen Mann kennenlernte, der sie anscheinend auch mochte. Nach mehreren Verabredungen und einem wachsenden Gefühl gegenseitiger Zuneigung war es ihr, nach ihrem Empfinden, mit der Beziehung genügend ernst, um ihn zu fragen, ob er ihre begeisterte Liebe zum Ballett teile. Er antwortete: »Nein, aber ich will's gern lernen.« Sie brach die Beziehung ab mit den Worten: »Ich will nicht jemanden, der gern etwas übers Ballett erfährt. Ich will jemanden, der Abonnementkarten hat.«

Diese Zeile löste eine Lawine von Leserbriefen an das Magazin aus, von Leuten, die diese Frau auf der Basis *eines* Satzes zu analysieren versuchten. Einige machten ihr eine Angst vor wirklicher Nähe zum Vorwurf, die sie dahin bringe, Beziehungen abzubrechen, bevor sie zu irgend etwas führten. Manche meinten, sie leide an zu geringer Selbstachtung und lehne Menschen ab, bevor diese eine Chance hätten, sie abzulehnen. Mein Verdacht war, daß der Missetäter, der am Scheitern dieser Romanze schuld war, unser alter vertrauter Feind sei, das Streben nach Vollkommenheit. Der Gedankengang der Frau war, wie ich vermute, womöglich folgender: »Bei der Arbeit muß ich ein Bild der Vollkommenheit abgeben. Weil ich eine Frau in einem ausge-

122

sprochen stressigen Beruf bin, muß ich ein Gefühl aufrechterhalten, die Dinge fest im Griff zu haben, alles richtig hinzukriegen. Wenn ich einen vollkommenen Ehemann finden könnte, dann würde das mein Image verstärken, daß ich eine vollkommene Frau bin, eine Frau, die alles tun kann und es gut tun kann. Wenn ich mich mit einem fehlerbehafteten, unvollkommenen Ehemann begnügen muß, einem Mann, dem etwas unbedingt Erforderliches fehlt (wie etwa Abonnementkarten fürs Ballett?), dann könnte man den Eindruck haben, es zeuge von einem fehlerhaften Zug, einem Defekt an meiner Vollkommenheit.« Das hat für solche Menschen zur Folge, daß sie entweder immer weitersuchen, immer wieder Gründe finden, jeden, der daherkommt, für untauglich zu erklären, oder andernfalls sich einreden, daß ihr derzeitiger Kavalier für sie tatsächlich vollkommen ist, und dann mit wilder Empörung und Kummer reagieren, wenn sie herausfinden, daß er nicht etwas ist, das zu sein er nie behauptet hat.

Nathaniel Hawthorne schrieb eine Kurzgeschichte, »Das Muttermal«, über einen Mann, der eine schöne Frau heiratete, die ein kleines Muttermal auf ihrer linken Wange hatte. Sie hatte es immer für einen Schönheitsfehler gehalten, aber in seinen Augen ruinierte es ihre äußere Erscheinung. Es stand ihrem Vollkommensein im Weg. Er wurde so besessen von dem Muttermal, daß er schließlich nichts anderes mehr sehen konnte. Er konnte nicht mehr ihre Schönheit sehen; er konnte sich nur auf die fehlerhafte Stelle konzentrieren. Infolgedessen willigte die Frau ein, sich einer schwierigen Behandlung zu unterziehen und es dadurch entfernen zu lassen. Nach der Behandlung verblich das Muttermal, aber auch die Frau verblich allmählich und starb kurz danach. Das Muttermal war mit dem Mysterium ihres Lebens und ihrer Schönheit verknüpft. Es war das Band, durch das ein Engelsgeist sein Beherbergtsein in einem sterblichen Körper aufrechterhielt. Aber dem Ehemann reichte das nicht. Er war nicht zufrieden mit der Schönheit von Körper und Geist. Er wollte Vollkommenheit, und infolgedessen blieb ihm am Ende gar nichts.

Heutzutage besteht die Tendenz, Ehen auf romantischer Liebe zu gründen. Wir fühlen uns fortgerissen von Empfindungen des Entzückens. Wie es ein Schriftsteller formuliert: »Man sucht nach einem Menschen, der einen in Trance versetzt, und hofft, daß er sich, wenn man aus dem Trancezustand herauskommt, als jemand entpuppt, den man gern haben kann.« Wir sagen uns: »Ich kann's nicht glauben, daß jemand, der so nett, jemand, der so vollkommen ist, mich tatsächlich liebt.« Wir sagen uns: »Er/sie gibt mir ein so gutes Selbstgefühl«, und erkennen dabei nicht das darin enthaltene Eingeständnis, daß wir die andere Person nicht wirklich lieben. Wir benutzen den anderen Menschen dazu, uns zu helfen, uns selbst zu lieben. »Wenn jemand, der so nett ist, mich liebt, dann muß ich ja wirklich liebenswert sein.«

Nun ist romantisches Zueinander-Hingezogensein zwar die Basis für Liebe unter Liebespaaren, doch ist es keine langfristige Basis, auf der sich eine Ehe aufbauen ließe. Die Illusion, der andere sei vollkommen, wird sich nicht halten. Und ebendeshalb *ist die Essenz ehelicher Liebe nicht romantische Verliebtheit, sondern Vergebung.*

Lassen Sie mich mit aller Deutlichkeit sagen, was ich damit meine. Liebe als Vergebung zu definieren heißt nicht, daß ein Mann seine Frau über seine außerehelichen Affären informieren und, wenn sie sich darüber aufregt, sagen kann: »Die Tatsache, daß sie mir nicht verzeihen kann, beweist, daß sie mich

124

nicht liebt, und dies rechtfertigt das, was ich getan habe.« Liebe als Vergebung zu definieren – dazu ist nicht erforderlich, daß eine wiederholt mißhandelte Ehefrau weiterhin körperliche Mißhandlung von seiten eines gewalttätigen Ehemanns duldet. Auch ist dazu nicht erforderlich, daß man sich selbst widerspruchslos ausbeuten und schikanieren läßt. Vergebung als die wahrste Form von Liebe bedeutet: ohne Bitterkeit die Mängel und Schwächen unseres Partners zu akzeptieren und inständig zu bitten, daß unser Partner auch unsere Mängel akzeptieren möge. Romantische Liebe *übersieht* Fehler (»Liebe ist blind«), denn als romantisch Verliebte sind wir bemüht, uns einzureden, daß wir einen vollkommenen Partner verdienen. Reife eheliche Liebe sieht Fehler klar und deutlich und verzeiht sie, in der Einsicht, daß es keine vollkommenen Menschen gibt, daß wir keine Vollkommenheit vortäuschen müssen, daß ein unvollkommener Ehepartner alles ist, wonach jemand Unvollkommenes wie unsereiner verlangen kann. (»Jahrelang suchte ich nach dem vollkommenen Mann, und als ich ihn schließlich fand, stellte es sich heraus, daß er nach der vollkommenen Frau suchte, und die war nicht ich.«)

Meine Frau und ich verbringen jeden Winter zehn Tage in einem Fitneßkurort in Tuscon, Arizona. Wir wandern und trainieren den ganzen Tag und besuchen für gewöhnlich die abendlichen Vorträge über gesündere Lebensformen. An einem Abend hatte der Vortrag »Kommunikationsprobleme zwischen Männern und Frauen« zum Thema, und zwar auf der Grundlage des Bestsellers *Männer stammen vom Mars, Frauen stammen von der Venus.* Die nervöse Spannung in dem Raum war greifbar, ganz anders als die Stimmung, wenn es im Vortrag um Gymnastik oder fettarme

Ernährung ging. Man hörte es aus den gereizten Witzeleien und Bemerkungen der Leute heraus.

Eine Frau berichtete davon, wie sie und ihr Mann auf der Fahrt zu einer Versammlung eine Stunde länger gebraucht hatten als geplant und dort mit peinlicher Verspätung eintrafen, weil ihr Ehemann sich stur weigerte, anzuhalten und nach dem Weg zu fragen. Die anderen Frauen im Raum lachten verständnisvoll, die Männer nickten bestätigend und verlegen. Aber eine attraktive junge Frau stand auf und sagte: »Wenn ein Mann das mit mir machte, würde ich aus dem Wagen aussteigen, mir ein Taxi nach Hause nehmen und nie mehr mit ihm reden.« Ich war versucht, sie zu fragen (tat es aber nicht): »Haben Sie denn selber keine Fehler, und würden Sie nicht von jemandem, der Sie liebt, erwarten, daß er sie toleriert? Haben Sie keine ärgerlichen Marotten, die einen Menschen wahnsinnig machen könnten, wenn er Sie nicht genügend liebte, um Sie so zu nehmen, wie Sie sind?« Ich ertappte mich bei der Frage, ob diese junge Frau (die, wie mir auffiel, keinen Ehering trug) nicht eine Verwandte der Abonnementkarten-Lady in Boston sein könnte. Eine Unfähigkeit, einen anderen Menschen zu lieben, äußert sich oft als eine Unfähigkeit, ihm seine allzumenschlichen Mängel zu verzeihen. »Ich bin so gut, daß ich mich nicht mit einer fehlerbehafteten Person wie dir abfinden muß.«

Ich setzte dem Einwurf der jungen Frau Anmerkungen entgegen, die ich von einer Frau vorlesen ließ, die mit einem leicht manisch-depressiven Mann verheiratet war. Sie wußte nie, wann ihr Mann sich rational verhalten würde, wann er aus keinem ersichtlichen Grund deprimiert sein würde und wann man ihm, in seiner

126

manischen Phase, irgendeine unrealistische Idee würde ausreden müssen. Befreundete Personen fragten sie, weshalb sie beim ihm bliebe, wo er ihr doch das Leben so schwer machte, und sie antwortete: »Ich habe mich in sein Innerstes verliebt.« Ihr mißfielen zwar einige der konkreten Dinge, die er tat, aber sie liebte die gesamte Person hinter den Handlungen und beschloß, »das ganze Paket zu kaufen«. Mit den Worten ihres Therapeuten: »Obwohl das Verhalten ihres Mannes sich wahrscheinlich nie ändern würde, konnte sie seine Unvollkommenheiten anerkennen und akzeptieren und noch immer sein Innerstes lieben.«

Das peinliche Geheimnis ist, daß viele von uns nur ungern verzeihen. Wir hegen Groll, weil wir uns dadurch moralisch überlegen fühlen. Das Vorenthalten der Vergebung verleiht uns ein Gefühl der Macht, häufig der Macht über jemanden, gegenüber dem wir uns andernfalls letztlich machtlos vorkommen. Die einzige Macht, die wir über die betreffende Person haben, ist die Macht, verärgert über sie zu bleiben. Auf einer gewissen Ebene genießen wir die Rolle der geduldig leidenden, gekränkten Partei. Das 5. Buch Mosis in der Bibel unterscheidet zwischen Mord, der schwer bestraft werden muß, und versehentlichem Totschlag[19], der nachsichtiger behandelt wird. Aber woher wissen wir, ob eine tödliche Verletzung absichtlich oder versehentlich verursacht wurde? Im vierten Kapitel (Mose 4, 42) heißt es: Wenn der Mensch, der die Verletzung verursachte, während der vorhergehenden zwei oder drei Tage nicht mit dem Opfer in Fehde lag, können wir annehmen, daß sie versehentlich geschah.

Im Kommentar zu dieser Bibelstelle bieten die Weisen des Talmud[20] eine faszinierende psychologische Einsicht an. Sie sagen, daß die normale Lebensdauer eines Streits zwei oder drei Tage

127

beträgt. Wenn eine Person Sie verletzt oder beleidigt, sind Sie berechtigt, über diesen Zeitraum hin mit ihr zerstritten zu sein. (Wir sprechen hier über alltägliche Auseinandersetzungen und Mißverständnisse, nicht über schwerwiegendere Kränkungen.) Erstrecken sich die Gefühle der Verbitterung in einen vierten Tag hinein, dann deswegen, weil Sie es vorziehen, an ihnen festzuhalten. Sie nähren den Groll, halten ihn künstlich am Leben, anstatt ihn eines natürlichen Todes sterben zu lassen.

Es mag eine gewisse emotionale Befriedigung darin liegen, die Rolle des Opfers für sich zu beanspruchen, aber das ist eine schlechte Idee, und zwar aus zwei Gründen. Erstens entfremdet es Sie einer Person, der Sie nah sein könnten. (Und wird es zur Gewohnheit, wie dies allzu oft der Fall ist, dann entfremdet es Sie vielen Menschen, denen Sie nah sein könnten.) Und zweitens gewöhnt es Sie daran, sich in der Rolle des Opfers zu sehen – hilflos, passiv, der Willkür anderer ausgeliefert. Ist dieses seichte Gefühl moralischer Überlegenheit es wert, daß Sie lernen, sich so zu sehen?

Der seelsorgerische Berater David Norris formuliert es so: »Vergebung beinhaltet nicht nur ein Loslassen der sich mit einer Verletzung verknüpfenden negativen Energie, sondern auch der Bedeutungen, die sich uns zeit unseres Lebens durch die Erfahrung dieser und ähnlicher Verletzungen eingeprägt haben.« Mit »negative Energie« meint Norris das Gefühl der Verbitterung und des Verdrusses, das wir mit uns herumtragen, wenn wir uns daran erinnern, wie uns jemand verletzt hat.

Wenn ich eine geschiedene Frau beriet, die sich noch immer zutiefst darüber empörte, daß ihr Mann sie vor Jahren wegen einer anderen Frau verlassen hatte und mit seinen Unterhaltszahlungen

128

für die Kinder im Rückstand war, und sie mich fragte: »Wie können Sie erwarten, daß ich ihm vergebe nach dem, was er mir und den Kindern angetan hat?«, pflegte ich zu antworten: »Ich bitte Sie nicht, ihm zu vergeben, weil das, was er getan hat, nicht so schrecklich war; es *war* schrecklich. Ich schlage Ihnen vor, ihm zu vergeben, weil er es nicht verdient, diese Macht zu haben, Sie in eine verbitterte, aufgebrachte Frau zu verwandeln. Als er wegging, hat er das Recht aufgegeben, Ihr Leben und Ihr Denken in dem Maß mit Beschlag zu belegen, wie Sie ihn das lassen. Ihre Wut auf ihn verletzt ihn nicht, aber Ihnen schadet sie. Sie verwandelt Sie in jemanden, der Sie nicht wirklich sein wollen. Lösen Sie sich von dieser Wut, nicht seinetwegen – er verdient es wahrscheinlich nicht –, sondern Ihretwegen, damit Ihr eigentliches Ich wiederauftauchen kann.« Und wenn die negative Energie uns von jemandem entfernt, mit dem wir verbunden sein wollen – einem Ehemann oder einer Ehefrau, einem Bruder oder einer Schwester, einem engen Freund oder einer engen Freundin, der/die uns enttäuscht hat –, dann ist es um so wichtiger, daß wir lernen, uns dieser negativen Energie zu entledigen.

Mit »die Bedeutungen, die sich uns … eingeprägt haben« bezieht sich Norris auf die Empfindung der Unwürdigkeit, von der unser Selbstgefühl erfaßt wird, wenn uns jemand, an dem uns etwas liegt, schlecht behandelt oder enttäuscht hat. Diese Kränkungen peinigen uns nicht nur deshalb so intensiv, weil sie nicht recht sind, sondern weil sie uns dort treffen, wo wir am verwundbarsten sind. Sie berühren unsere Angst, wir könnten letzten Endes tatsächlich keine liebenswerten Menschen sein. Je länger wir einen Groll hegen und uns dabei sagen: »Diese Person kümmert sich nicht um meine Gefühle«, desto eindringlicher wiederholen wir

129

in unseren Gedanken die Botschaft: »Meine Gefühle sind es offensichtlich nicht wert, daß man sich um sie kümmert.« Wenn wir vergeben, wenn wir dahin gelangen, das, was uns jemand angetan hat, nicht als die Folge von Böswilligkeit oder der gleichgültigen Brüskierung unserer Gefühle anzusehen, sondern als die Folge menschlicher Schwäche, Ungeduld und Unvollkommenheit, dann befreien wir nicht nur die andere Person von der Rolle des Bösewichts; wir befreien uns selbst von der Rolle des Opfers. Linda Weltner, Kolumnistin des *Boston Globe*, bringt in einer kleinen Geschichte die Sache auf den Punkt. Sie erinnert sich, wie sie in einem Park sitzt und Kindern beim Spielen zuschaut. Zwei Kinder geraten in Streit, und das eine sagt zum anderen: »Ich hasse dich! Ich spiel' nie wieder mit dir!« Ein paar Minuten lang spielt jedes für sich, und dann gehen sie wieder dazu über, ihr Spielzeug miteinander zu teilen. Frau Weltner bemerkt gegenüber einer anderen Mutter: »Wie machen die Kinder das? Wie schaffen sie es, in der einen Minute so böse miteinander und in der nächsten die dicksten Freunde zu sein?« Die andere Mutter antwortet: »Das fällt ihnen leicht. Sie sind lieber glücklich als moralisch im Recht.«[21]

Auch wir haben die Kraft zu beschließen, lieber glücklich als moralisch im Recht zu sein. Sich auf moralische Rechtlichkeit versteifen bedeutet, sich an alle Momente zu erinnern, in denen uns jemand verletzte oder enttäuschte, und die betreffende Person dies nie vergessen zu lassen (und – ein schreckenerregender Gedanke – ihr das Recht zu geben, sich an alle Momente zu erinnern, in denen *wir* sie verletzten oder enttäuschten, und uns ständig daran zu erinnern). Das Glück vorziehen bedeutet, den Menschen das Recht zu geben, menschlich zu sein, schwach und

130

eigennützig und gelegentlich vergeßlich, und einzusehen, daß wir keine andere Wahl haben, als mit unvollkommenen Menschen zu leben. (Ich sah einmal eine Ansteckplakette mit der Aufschrift: »Führe nie auf Bosheit zurück, was sich durch Dummheit erklären läßt.« Ich könnte den Wortlaut so verbessern: »Führe nie auf Bosheit zurück, was sich durch menschliche Schwäche und Unvollkommenheit erklären läßt.«)

Das Streben nach moralischer Rechtlichkeit entfremdet die Menschen einander; das Streben nach Glück befähigt sie, über ihre Unzulänglichkeiten hinwegzukommen und sich miteinander zu verbinden. Und so merkwürdig es erscheinen mag, Glück kann in religiöser Hinsicht ein authentischerer Wert sein als moralische Rechtlichkeit.

Licht im Winter ist einer der weniger bekannten Filme des schwedischen Filmregisseurs Ingmar Bergman, aber aus irgendeinem Grund – vielleicht weil sein Held ein Geistlicher ist, vielleicht weil ich ihn besser verstehen konnte als die meisten anderen Bergman-Filme – ist er immer einer meiner Lieblingsfilme gewesen. Er spielt im Winter, in einem kleinen Dorf an der schwedischen Küste. Die Welt draußen ist kalt und öde. Die Stunden des Sonnenlichts sind kurz, und Wärmequellen gibt es wenige. Die Hauptfiguren sind ein lutherischer Geistlicher, Pastor Thomas Ericson, und seine Freundin Marta, eine Lehrerin an der Dorfschule. Der Pastor trauert noch immer um den Verlust seiner Frau, die vier Jahre zuvor an Krebs starb, und dies hat ihn in einen verbitterten, freudlosen Mann verwandelt, was sich in seinem kalt und streng anmutenden Gottesdienst widerspiegelt, der kaum wärmer ist als das Wetter draußen. Ericson ist aufgebracht darüber, daß Gott seine Frau sterben ließ. Als sich ihm ein deprimier-

131

tes Gemeindemitglied zögernd nähert, um nach Gründen zu fragen, die für ein Weiterleben sprechen, faselt der Pastor über seine eigenen Enttäuschungen im Leben und stößt die Worte aus: »Gott ist ein Ungeheuer!« Das Gemeindemitglied begeht bald danach Selbstmord und läßt seine Frau und seine kleinen Kinder zurück. Während wir Thomas und Marta besser kennenlernen, gelangen wir zu der Einsicht, daß Marta – obwohl sie wiederholt behauptet, sie sei nicht religiös, ohne Glauben aufgezogen worden und halte nicht viel vom Beten – die religiöseste Figur in dem Film ist, weil sie fähig ist, zu vergeben und zu lieben. Sie hört nicht auf, Thomas zu lieben, obwohl er sie grausam malträtiert. Sie begreift, daß sein Enttäuschtsein von sich und seinem Leben in der gegen sie und Gott gerichteten Wut zum Ausdruck kommt. Sie gibt zu, daß Gott ihr Gebet einmal erhörte. Sie hatte Gott gefragt, was sie mit ihrem Leben anfangen solle, und Gott ließ sie begreifen, daß im Innersten ihrer Seele der Wunsch beschlossen lag, für jemanden zu leben. Marta kann Thomas trotz seiner auffälligen Fehler lieben; er kann ihr Gefühl nicht erwidern, weil ihn – wie den Ehemann in der Geschichte von Hawthorne – ihre Mängel für ihre erlösenden Eigenschaften blind machen.

In einer Schlüsselszene des Films erinnert sich Marta daran, wie sie eines Abends von einem bis zu ihren Füßen und ihrer Kopfhaut sich ausbreitenden Ekzem so schrecklich geplagt wurde, daß sie sich die Hände wundscheuerte, bis sie bluteten. (Diese Bildlichkeit, die symbolisch den Wundmalen des gekreuzigten Jesus entspricht, legt Marta, trotz ihrer Proteste, sie sei nicht religiös, als eine Christusgestalt fest, als denjenigen, der für andere lebt, denjenigen, der uns trotz unserer Mängel liebt. Als wir ihr zum erstenmal begegnen, bringt sie Leuten in einem kalten Büro

132

heißen Kaffee.) Sie wandte sich an Thomas, ihren Pfarrer und Liebhaber, um ein Zeichen des Mitgefühls, aber ihre Wunden erfüllten ihn derart mit Abscheu, daß er nicht einmal für sie beten konnte. Er konnte eine unvollkommene Marta nicht lieben. An späterer Stelle im Film erklärt er, daß er sich angewidert fühlt von ihrer Kurzsichtigkeit, ihrem überempfindlichen Magen, ihrer monatlichen Periode, genauso wie er sich über die Anliegen und Unvollkommenheiten seiner Gemeindemitglieder ärgert. Thomas' Religion ist ein Hohn auf wahre Religion, denn sie verurteilt die Menschen, weil sie fehlerbehaftet und unvollkommen sind, anstatt sich ihnen voller Liebe zuzuwenden, um ihre Wunden zu pflegen. In einer Szene, die gerade ich als Geistlicher niemals vergessen werde, begegnet das Paar einem Jungen auf seinem Heimweg von der Schule. Thomas schimpft ihn aus, weil er sich nicht für den kirchlichen Konfirmationskurs hat einschreiben lassen. Marta fragt ihn: »Wie geht's deinem Bruder? Ich hab' gehört, er sei krank.« Wir verlassen das Kino und haben die Lektion gelernt, daß wir, wenn wir unvollkommene Menschen nicht lieben können, wenn wir ihnen nicht ihre ärgerlichen Fehler verzeihen können, uns zu einem Leben in Einsamkeit verurteilen, weil unvollkommene Menschen die einzige Menschenart sind, die wir je finden werden. Das Licht im Winter mag wohl fahl und unzuverlässig sein, aber wenn Kälte um sich greift in der Welt, kann es das einzige Licht und die einzige Wärme sein, die wir haben.

Wenn wir Glück haben, ist Ehe gleichbedeutend damit, daß wir die Person finden, die uns ganz macht, wie Adam und Eva wiedervereinigt wurden, um ein einziges Wesen zu bilden. Sie ist gleichbedeutend damit, daß wir den Mann finden, der unsere männliche Seite darin unterstützen wird, zum Vorschein zu kommen, oder die Frau, die uns helfen wird, die in uns vergrabene weibliche Seite zur Welt zu bringen. Wenn wir Glück haben, ist Ehe gleichbedeutend damit, daß wir jemanden finden, der uns sagt, so wie wir sind, seien wir gerade recht, und es gebe nichts, was wir ändern müßten (was es uns übrigens leichter machen wird, uns zu ändern).

Wenn ich auf meine dreißig Jahre als Gemeinderabbiner und auf all die Ehepaare zurückblicke, die mit ihren Problemen zu mir kamen, dann erinnere ich mich an *ein* Grundmuster der Unstimmigkeit, das sich so oft und mit solcher Ähnlichkeit wiederholte, daß ich bisweilen das Gefühl hatte, ich sähe verschiedenen Schauspielern beim Vorsprechen aus demselben Textbuch zu. Etwas, das einmal eine Quelle der Anziehungskraft gewesen war, war zu einem akuten Konfliktstoff geworden.

»Ich habe mich in ihn verliebt, weil er so lebhaft und extrovertiert war, während ich immer so schüchtern und ängstlich gewesen war. Jetzt kann ich es nicht ausstehen, wenn er sich in Gesellschaften lächerlich macht.«

»Ich dachte, ihre lockere Einstellung in Fragen der Pünktlichkeit würde mich von meiner Zwanghaftigkeit kurieren, und eine Zeitlang war das auch so. Aber jetzt liegen wir uns dauernd in den Haaren, wenn ich wieder auf sie warten muß und wir beinahe das Flugzeug verpassen oder zu spät zur Kinovorstellung kommen, weil sie nie fertig wird.«

»Ich fühlte mich zu ihm hingezogen, weil er ehrgeizig war und vorwärtskommen, etwas aus sich machen wollte, eine Eigenschaft, die meinem Vater und meinem Bruder völlig abging. Ich

134

wußte damals nicht, welche Konsequenzen das für mich haben würde: abends allein daheim rumsitzen zu müssen, während er noch spät im Büro arbeitet.«

»Ich hielt es für großartig, daß sie mit Geld so sparsam war, als wir miteinander gingen und verlobt waren, weil ich ein Typ war, der es so schnell ausgab, wie er es verdiente. Aber jetzt macht mich das wahnsinnig. Jedesmal wenn wir uns etwas anschaffen müssen, bekommen wir Streit, weil sie die billigste Ausführung kaufen will, die erhältlich ist, auch wenn es absoluter Schrott ist, den wir nach einem Jahr ersetzen müssen.«

Wir fühlen uns zu Menschen hingezogen, die zu haben scheinen, was uns fehlt, und die uns daher hoffen lassen, daß sie uns ganz machen. Wenn es klappt, ist es wunderbar – Adam und Eva, denen die Einheit wiedergegeben wird, die in Eden vorherrschte. Nach den Worten der Genesis werden wir psychisch und ebenso sexuell »*ein* Fleisch«. Aber Menschen mit sich gegenseitig ergänzenden Persönlichkeiten fügen sich nicht immer so sauber zusammen wie die Teile eines Puzzles. Manchmal sind schlecht zusammenpassende Kanten vorhanden, die mit Liebe und Geduld abgeschliffen werden müssen. Und ebendeshalb besteht die Essenz ehelicher Liebe in Vergebung, der Bereitwilligkeit, Züge an unserem Partner zu akzeptieren, die uns wahnsinnig machen würden, wenn wir ihn/sie nicht liebten, und sie ohne das Gefühl zu akzeptieren, ein Martyrium durchzumachen, ein Opfer zu bringen oder Punkte aufzurechnen (»Ich finde mich mit deinem Geschnarche ab; wie kommst du dazu, mich zu kritisieren, weil ich das Scheckheft durcheinanderbringe?«).

John Miltons epische Dichtung *Das verlorene Paradies* aus dem siebzehnten Jahrhundert ist die klassische Gestaltung der Geschichte vom Garten Eden in der englischen Literatur. Ich muß gestehen, daß sie nicht zu meinen Lieblingsbüchern zählt. Die schwülstige Sprache und die blasierte Theologie sind nicht nach meinem Geschmack, und ich bin unangenehm berührt von den häufig wiederkehrenden Mahnungen, daß die Rolle der Frau darin bestehe, dem Mann zu dienen, und daß der Mann sündige, indem er die Worte der Frau zu ernst nimmt. (Während ich dies schreibe, fällt mir ein Test aus einem geisteswissenschaftlichen Seminar in meinem ersten Studienjahr am College wieder ein. Er bestand aus zwei Fragen: (1) Welches von all den Büchern, die wir dieses Jahr gelesen haben, hat Ihnen am wenigsten gefallen? (2) Auf welche Sie persönlich betreffende Beschränkung würden Sie diese Unfähigkeit zurückführen, einen anerkannten Klassiker zu schätzen?)

Aber es gibt *eine* Dimension dieser Dichtung, die ich tatsächlich schätze. Mitten in ihrem ganzen Argwohn gegen Frauen teilt sie uns etwas sehr Tiefsinniges über die eheliche Beziehung mit. Wenn wir Adam und Eva zum erstenmal begegnen, halten sie sich zärtlich bei den Händen. Genaugenommen lösen sie die Hände nie voneinander, als ob sie beide ein einziges Wesen wären, eine einzige Seele, in zwei Körpern. Aber dann schlägt Eva (der Milton wiederholt die Schuld an der Torheit gibt, die zum Sündenfall führt) an einem bestimmten Punkt vor, sie und Adam sollten getrennt arbeiten, um mehr Arbeit in weniger Zeit erledigen zu können. Diese Haltung der selbstgenügsamen Unabhängigkeit – »Ich komme bestens allein zurecht, ich brauche sonst niemanden« – macht sie letztlich anfällig für Versuchung und Sünde. Sie ißt die verbotene Frucht und gibt Adam davon. Beider Liebe, die rein und unschuldig gewesen war, wird jetzt durch

136

Selbstsucht und sinnliche Begierde vergiftet. Sie sind jetzt gesonderte Einzelwesen und halten sich nicht mehr bei den Händen; jeder ist darauf bedacht, ohne Rücksicht auf den anderen die eigenen Bedürfnisse zu befriedigen. Sie müssen aus dem Paradies vertrieben werden. Man hat allerdings den Eindruck, daß sie das Paradies bereits geistig-seelisch verloren haben, noch bevor sie es geographisch verlieren. Aber dann spricht Eva auf der letzten Seite der Dichtung von ihrer Reue über das, was sie angerichtet hat, äußert die Hoffnung, daß sie dennoch in dieser von Hader zerrissenen Welt Glück finden können, und hält Adam die Hand hin. Die Dichtung schließt mit diesen Versen:

> Die ganze Welt lag da vor ihnen …
> Und *Hand in Hand*, mit schwankem, zagem Schritt
> Durch Eden nahmen einsam sie den Weg.

Ich glaube, daß Eheleute das Recht haben, ja es dringend nötig haben, gesonderte Einzelmenschen zu sein. Sie müssen nicht dieselben Nahrungsmittel mögen, an denselben Freunden Gefallen finden, dieselben Hobbys haben. Es ist kein Treuebruch von seiten Ihres Ehepartners, wenn er/sie auf einen geschäftlichen Bankrott oder den Tod eines Kindes anders reagiert als Sie. Wir mißverstehen Milton, und wir mißverstehen die Ehe, wenn wir seine Symbolik wörtlich nehmen und meinen, daß wir eine Sünde begehen, indem wir etwas ganz allein tun wollen, ohne unseren Mann oder unsere Frau mit einzubeziehen. Milton sagt uns etwas ganz anderes, wenn er schildert, wie Adam und Eva sich zärtlich bei den Händen halten, ihre Hände voneinander lösen und dann wieder sich die Hände reichen. Er sagt, daß wahre Liebe und Ehe

137

uns etwas bieten, das wir nirgendwo sonst im Leben finden können: die Möglichkeit, über unsere Getrenntheit hinauszugelangen, indem wir mit einer anderen Person verschmelzen.

Es gibt in der heutigen Welt viele Stätten, wo wir für die Befriedigung unserer individuellen Bedürfnisse sorgen können – mit einer guten Mahlzeit, einem behaglichen Bett, auch mit sexueller Entspannung. Aber nur in der Beständigkeit der Ehe können wir unserem existentiellen menschlichen Bedürfnis entsprechen, über die Einsamkeit des Einzeldaseins hinauszugelangen, die Person zu finden, die uns ganz macht, die uns das verschafft, was uns fehlt, und die in uns verborgenen Eigenschaften befreit, und uns mit dieser Person zu verbinden, um »*ein* Fleisch« zu werden. Und wir können dies nur in der Weise tun, wie es Adam und Eva auf der allerletzten Seite von Miltons tragischer Dichtung tun – zwei gefallene Menschen, die über ihre wechselseitige Verärgerung und ihr Enttäuschtsein voneinander hinwegkommen, den Arm ausstrecken, um einander bei der Hand zu fassen und in einer kalten und einschüchternden Welt nach Wärme und Liebe zu suchen.

Aber wenn ein Mann und eine Frau lernen, einander mit der Liebe zu lieben, die Fehler erkennt und verzeiht, können sie mehr erreichen als die Befreiung aus ihrer Einsamkeit. Die jüdischen Mystiker glaubten, daß das, was auf Erden geschieht, das widerspiegelt, was im Himmel geschieht, und umgekehrt. Der Himmel wird durch unser irdisches Verhalten beeinflußt. In einer erstaunlichen Aussage erklären sie: »Die Welt ist unerlöst, weil Gottes männliche Seite von Gottes weiblicher Seite getrennt ist, und wenn Gatte und Gattin in Liebe zusammenkommen, stellen sie

138

Gottes Einheit wieder her und bringen die Erlösung näher.« Da gibt es die selbstsüchtige Liebe, etwa die eines jungen Menschen; in ihr geht es um die Bestätigung unseres Selbstwertgefühls und um die Befriedigung unserer eigenen Bedürfnisse. Und da gibt es die reife, die gegenseitige Liebe; in ihr verwischen sich die Grenzen des Ich, während wir mit einer anderen Person eins werden und dabei deren Schmerz und Vergnügen so empfinden, als ob es unser Schmerz, unser Vergnügen wäre. Die Mystiker aber teilen uns mit, daß es noch eine höhere Form der Liebe gibt, eine Liebe, die die Welt von ihrer Zerrissenheit erlöst.

Es ist etwas so Mutiges, einen anderen Menschen wahrhaftig zu lieben, aber es ist auch etwas so Notwendiges – um unsertwillen, um des anderen Menschen willen und um der Welt willen. Männer und Frauen unterscheiden sich so sehr voneinander – unterschiedliche Bedürfnisse, unterschiedliche Erwartungen, unterschiedliche Arten zu kommunizieren. Sie sind wie Feuer und Wasser. Wie können wir erhoffen, daß sie miteinander auskommen, geschweige denn einander ganz machen? Interessanterweise gibt es eine alte jüdische Legende, der zufolge im Uranfang, als Gott Himmel und Erde schuf, der Himmel aus Feuer (der Sonne) und Wasser (den Regenwolken) zusammengesetzt war. Die Sonne sagte: »Wenn ich wollte, könnte ich diese Wolken verdunsten lassen und ganz allein am Himmel herrschen. Aber ohne Regen könnte die Welt nicht bestehen.« Die Wolken sagten: »Wenn wir Lust dazu hätten, könnten wir diese Sonne auslöschen. Aber wie könnte die Welt ohne die Sonne erhalten bleiben?« Also beschlossen beide Parteien, ihr ehrgeiziges Streben dranzugeben, ihre Kräfte zu zügeln und sich am Himmel gegenseitig genügend Spielraum zu lassen. Indem sie lernten, mit ihrem jeweiligen Gegenteil zu leben, machten sie den Himmel ganz und die Welt sicher.

Was bedeutet es zu sagen, Gottes männliche Seite sei von Gottes weiblicher Seite getrennt? Nach meiner Auffassung bedeutet es: Wenn Männer und Frauen übereinander verärgert sind, wenn sie voller Groll und Argwohn sind, ist Gott in der Welt weniger gegenwärtig. Wenn wir verliebt sind, sieht die Welt anders aus. Wir spüren die Gegenwart Gottes in der Gabe, lieben zu können. Wenn wir verletzt oder enttäuscht sind, dann raubt das der Welt ihr Leuchten. Ich bin bereit zu glauben: Wenn so viele Ehen überall auf der Welt in Verdrossenheit und Groll gesunken sind, wenn so viele Menschen außerhalb ihrer Ehe stehen, sie bewerten und sich fragen, ob sie irgendwo anders wohl glücklicher wären, dann verschmutzt das die Luft. Es macht aus der Welt einen von Verdruß und Argwohn erfüllten Ort, an dem wir lernen, anderen Menschen zu mißtrauen und fortwährend auf der Hut zu sein. Könnten all diese unglücklichen Paare das Verliebtheitsgefühl wiedererlangen, das sie einst hatten – eine Empfindung, die sie befähigte, sich sowohl am Sonnenschein als auch am Regen zu freuen –, könnten sie ihr Enttäuschtsein voneinander überwinden – ein Enttäuschtsein, das auf unrealistischen Erwartungen beruht – und beschließen, lieber glücklich als moralisch im Recht zu sein, dann hätten sie die Kraft, die Luft zu reinigen, die Welt zu erlösen und die Gegenwart Gottes in sie zurückzubringen, eines Gottes, der uns genügend liebt, um unsere Fehler zu verzeihen. Wenn wir uns re-parieren, wieder zusammenfügen, wenn wir wiederentdecken, welche Erfüllung es in sich birgt, ein Paar zu sein, zwei Seelen, die sich verbinden, um ein einziges vollständiges Wesen zu bilden, dann können wir die Welt reparieren, heilen.

140

Kapitel sechs

Kain und Abel

Reicht die Liebe für alle?

Manche Menschen fassen die als Erbsünde bekannte theologische Konstruktion in dem Sinne auf, daß wir als Nachkommen Adams und Evas von diesen den Makel erben, Gott nicht gehorcht und Ihn beleidigt zu haben, entweder wie Kinder, die einen von ihren Eltern an sie weitergegebenen genetischen Schaden erben, oder wie Kinder, die die von einem/beiden Elternteil(en) hinterlassenen Verpflichtungen einer Schuldforderung übernehmen müssen. Andere, die Sünde mit sexueller Wollust gleichsetzen, fassen sie in dem Sinne auf, daß jeder von uns zum Sünder geboren ist, weil jeder von uns als die Frucht einer sexuellen und daher sündigen Handlung zur Welt kam. Diese Deutung wird durch die christliche Lehre bekräftigt, daß Jesus von einer Jungfrau geboren wurde, ohne eine vorausgehende sexuelle Handlung. Andere wiederum, die sich der anspruchsvolleren Deutung des protestantischen Theologen Reinhold Niebuhr anschließen, fassen die Erbsünde in dem Sinne auf, daß jeder

141

Mensch aufgrund der so hohen moralischen Vielschichtigkeit des menschlichen Lebens zwangsläufig etwas, wahrscheinlich vieles, tun wird, das gegen Gottes Willen verstößt. Selbst dem Menschen, der immer moralisch im Recht ist, wird es beim Betrachten seiner moralischen Rechtlichkeit schwerfallen, sich des aufkommenden Stolzes zu erwehren.

Aber ganz gleich, zu welcher von diesen Deutungen Sie neigen – sie alle führen die Vorstellung von der Erbsünde auf Adam und Eva und die Frucht des verbotenen Baumes zurück. Sie wären wahrscheinlich überrascht zu erfahren, daß die Genesis, und genaugenommen die ganze hebräische Bibel, diesen Vorfall nirgendwo als Sünde einstuft. Dort, wo das Wort »Sünde« zum erstenmal in der Bibel vorkommt, bezieht es sich nicht auf Adam und Eva, sondern auf Kain und Abel.

Deren Geschichte ist uns als die ihrer Eltern vertraut. Als Adam und Eva aus Eden verbannt wurden, hatten sie keinen Zugang mehr zum Baum des Lebens. Anstatt selbst unsterblich zu sein, begannen sie Kinder zu haben, mit der Aussicht darauf, daß ihrer beider Leben durch ihre Nachkommenschaft stellvertretend fortgesetzt werden würde. Sie hatten zwei Söhne, Kain und Abel. Kain wuchs zu einem Bauern heran, Abel hingegen war ein Schäfer. Eines Tages brachte jeder von ihnen Gott ein Opfer dar, Kain eines von den ersten Früchten des Feldes und Abel eines von den Erstgeborenen seiner Herden. Aus irgendeinem Grund nahm Gott Abels Opfer an, verschmähte aber das von Kain. Kain wurde mörderisch eifersüchtig. Gott warnte ihn: »Warum überläuft es dich heiß, und warum senkt sich dein Blick? Nicht wahr, wenn du recht tust, darfst du aufblicken; wenn du nicht recht tust, *lauert an der Tür die Sünde*, nach dir ihre Begier, doch du kannst ihr

142

Herr sein« (Genesis 4, 6–7). Kain schenkte dem keine Beachtung und erschlug gleich darauf seinen Bruder; dann beantwortete er Gottes Frage: »Wo ist dein Bruder Abel?« mit den Worten: »Ich weiß es nicht. Bin ich der Hüter meines Bruders?« Zur Strafe dafür, daß er den Ackerboden durch das Vergießen unschuldigen Blutes besudelt hatte, mußte Kain ein ewiger Wanderer sein, dem es untersagt war, ein Stück Land zu haben, das er sein eigen hätte nennen können.

Nach der Ansicht einiger Gelehrter stellt die Geschichte von Kain und Abel einen uralten Konflikt dar zwischen den Schafhirten, die wollten, daß ihre Herden frei umherstreifen konnten, und den Bauern, die ein Stück Land abzuzäunen und die Schafe daran zu hindern suchten, dort zu grasen (wie ich es in hundert Western gesehen habe). In den Augen der nomadischen Schafhirten waren die Bauern gottlose Menschen, versuchten diese doch, etwas von Gottes Erde als ihren privaten Landbesitz für sich zu beanspruchen, und schändeten dann Mutter Erde mit ihren scharfen Eisenpflügen und Geräten, anstatt abzuwarten, bis sie ihre großzügigen Gaben lieferte, wie dies Schafhirten taten.

Aber von der anthropologischen Forschung einmal abgesehen – die meisten von uns erkennen beim Lesen der Geschichte wieder, worum es darin eigentlich geht: das allzu vertraute Gefühl, das ein Geschwisterteil gegenüber dem anderen empfindet: »Ich hasse dich, ich wünschte, du wärest tot, weil Papi und Mami dich mehr lieben als mich.« Allem Anschein nach tun sich Kinder, die ja so sehr auf die Liebe ihrer Eltern angewiesen sind, schwer, über ihre Eltern wegen deren Parteilichkeit verärgert zu sein, und leichter, über ihren Bruder oder ihre Schwester wegen deren/dessen Favoritenrolle verärgert zu sein. Und wenn Gott der Über-

143

vater ist, muß es auf Kain verheerend gewirkt haben, daß Gott Abels Opfer dem seinen vorzog. Vor mehreren Jahren griff der Dramatiker Peter Shaffer die unbedeutende Tatsache auf, daß Mozarts zweiter Vorname Amadeus lautete, was »von Gott geliebt« bedeutet, und schrieb ein Bühnenstück über die mörderische Eifersucht, die einer von Mozarts Zeitgenossen bei der Betrachtung der Tatsache empfand, daß Gott Mozart so viel mehr Genialität verliehen hatte, als irgendeinem Seiner anderen Kinder.

Tatsächlich ist die Genesis in erstaunlichem Maße ein Buch über zu weit getriebene Geschwisterrivalität. Kain erschlägt Abel, und nur wenige Seiten weiter sind Isaak und Ismael, die beiden von verschiedenen Müttern geborenen Söhne Abrahams, erbitterte Rivalen, was Ismaels Verbannung und drohenden Tod zur Folge hat. Isaak wiederum hat dann Zwillingssöhne, Jakob und Esau. Jakob bemogelt Esau um den väterlichen Erstgeburtssegen, woraufhin Esau sich schwört, ihn umzubringen. Mehrere von Jakobs Söhnen fallen über ihren begünstigten Bruder Josef her, töten ihn beinahe und verkaufen ihn in die Sklaverei. Wie viele Kinder haben wohl beim Lesen dieser biblischen Erzählungen von der erbitterten Wut des verdrängten älteren Kindes, der Eifersucht des jüngeren Kindes und der Verwundbarkeit des begünstigten Kindes empfunden so, daß sie auf den Seiten der Bibel die Geschichte ihres eigenen Lebens lasen? Und haben diese uralten Erzählungen nicht ebendeswegen eine ganz besondere Macht über uns?

Es ist wichtig zu beachten, daß Gott in der biblischen Geschichte Kain vor der Gefahr der Sünde warnt, *ehe* dieser seinen Bruder ermordet. Bevor Kain des Mordes schuldig ist, ist er der Sünde des Hasses und Grolls schuldig. Die Geschichte von Kain und

144

Abel handelt nicht vom Konflikt zwischen Bauern und Schafhirten. Sie handelt von dem Schmerz und heftigen Unmut, den wir alle empfinden, wenn wir den Verdacht haben, daß jemand anders mehr geliebt wird als wir. Ältere Geschwister ärgern sich darüber, daß sie von dem neuen Baby verdrängt werden, um das man einen Riesenwirbel macht, wohingegen man von ihnen keine Notiz nimmt. Jüngere Geschwister ärgern sich darüber, daß man ihnen sagt, sie könnten nicht an dem teilnehmen, was ihre älteren Brüder und Schwestern gerade tun. Gescheite Kinder sind gekränkt, wenn ihre Geschwister wegen ihres Aussehens oder ihrer sportlichen Begabung gefeiert werden, und diese anderen Geschwister fühlen sich gedemütigt, wenn der/die Gescheite in der Familie wegen eines hervorragenden Zeugnisses honoriert wird. Selbst wenn Eltern nicht wirklich parteiisch sind, nehmen wir jedesmal Begünstigung wahr, wenn einer/eine der anderen mit einem Lob oder mit Aufmerksamkeit bedacht wird und wir nicht (auch wenn die Aufmerksamkeit sich auf Krankheit oder schlechtes Betragen richtet, und auch wenn wir derjenige waren, um den man eine Stunde zuvor einen Riesenwirbel gemacht hat).

Nach meinem Verständnis des biblischen Berichts ist die Erbsünde kein Ungehorsam, noch ist sie sinnliche Begierde. Die Erbsünde, die praktisch jeden von uns in Mitleidenschaft zieht und zu weiteren, schlimmeren Sünden führt, ist *die Überzeugung, daß die Liebe nicht für alle reicht* und daß daher, wenn jemand anderer geliebt wird, uns ebender oder ebendie diese Liebe stiehlt. Als Jakob, an späterer Stelle in der Genesis, sich als sein älterer Bruder Esau verkleidet und durch Betrügerei den für den Erstgeborenen gedachten Segen erhält, reagiert Esau mit den klagenden Worten: »Hattest du denn nur einen einzigen Segen, Vater?

145

Segne auch mich, Vater!« (Gen. 27, 38) Unsere Urangst ist, daß unsere Eltern nicht genügend Liebe für uns alle haben und jemand anders ein Stück von unserem Anteil bekommen könnte. Später dann im Leben, wenn wir bei einer Beförderung übergangen werden, wenn unser Arzt oder unser Seelsorger unseren Namen falsch versteht, wenn sich jemand beim Anstehen vor uns drängelt, reagieren wir möglicherweise mit einer unverhältnismäßig heftigen Empfindung des Gekränktseins, weil das Erlebnis Kindheitsgefühle wiedererweckt, die alte Befürchtung, unsere Eltern könnten jemand anderen mehr lieben als uns. (Ob das vielleicht der Grund dafür ist, weshalb Untreue eine größere Kraft hat, eine Ehe zu zerstören, als körperliche Mißhandlung, Alkoholismus, Glücksspielsucht oder Straftaten?)

In John Steinbecks Roman *Jenseits von Eden* gibt es einen Satz, der dieses Gefühl einfängt: »Das größte Entsetzen, das ein Kind empfinden kann, liegt darin, daß es nicht geliebt wird, und Ablehnung ist die Hölle, vor der ihm graut.« Steinbecks Roman ist tatsächlich eine Nacherzählung der Geschichte von Kain und Abel; auch schwingt darin in Zwischentönen die Geschichte vom Garten Eden mit. An einer Stelle legt der Autor die folgenden Worte (und, wie ich vermute, seine eigenen Gefühle) einer seiner Figuren in den Mund: »Zwei Geschichten quälen und folgen uns von unserem Anfang an. Wir tragen sie mit uns herum wie unsichtbare Schwänze – die Geschichte von der Erbsünde und die Geschichte von Kain und Abel. Ich verstehe beide nicht. Ich verstehe beide überhaupt nicht, aber ich spüre sie.«

Jenseits von Eden ist um zwei Brüderpaare aufgebaut, die jeweils die Anfangsbuchstaben C und A tragen: Charles und Adam Trask sowie Adams Söhne Cal und Aron. In beiden Fällen sind die

146

Brüder gegensätzliche Charaktere, der eine zynisch und durch das Leben verhärtet, der andere weich und unschuldig. Es gelingt Steinbeck vortrefflich, aus Cal Trask, dem »Kain« des Buches, eine sympathische Gestalt zu machen (wie dies James Dean in der Verfilmung gelang), so daß wir mitempfinden, wie ungerecht sein Vater handelt, wenn er Cal zurückweist, als der ihm die sauer verdienten ersten Früchte seiner Landarbeit bringt. Cal hat sich so große Mühe gegeben, ein guter Sohn zu sein, in dem Glauben, er könne auf diese Weise die Liebe seines Vaters gewinnen. Er erkennt nicht, daß sein Vater Aron aus Gründen bevorzugt, die weniger mit Cals Verhalten zu tun haben und mehr mit den emotionalen Narben zusammenhängen, die Adam Trask noch von seiner eigenen Jugendzeit und unglücklichen Ehe her trägt, schmerzhaften Erinnerungen, die Cal unabsichtlich wachruft.

In einer altisraelitischen Generation nach der anderen schenkt uns die Bibel ein ungleiches Brüder- oder Schwesternpaar, wobei jeder/jede von beiden jeweils über Eigenschaften verfügt, die sein oder ihr Geschwisterteil nicht hat, und jedes Paar dazu bestimmt ist, in Konflikt miteinander zu geraten, weil die beiden Individuen so gegensätzlich sind und nicht erkennen, daß sie, wenn sie sich zusammenschließen könnten, *eine* ganze Person bilden würden: der böse Kain und das unschuldige Opfer Abel; der wilde Ismael und der gehorsame Isaak, der ungehobelte Esau und der die Mutter erfreuende Jakob; die schöne, aber unfruchtbare Rachel und ihre reizlose Schwester Lea mit einem Haus voller Kinder – beinahe so, als ob Geschwister die verfügbaren Persönlichkeitsmerkmale untereinander aufteilten: »Du nimmst diese, und ich nehm' die übrigen.«

Im Herbst 1992, gerade um die Zeit, als die Amerikaner Bill

147

Clinton zum Präsidenten wählten, erschien in einer Bostoner Zeitung ein Artikel darüber, wie viele amerikanische Präsidenten der letzten Jahrzehnte jüngere Brüder hatten, die sie in eine peinliche Situation brachten. Präsident Clinton hat einen in Entziehungskur befindlichen, drogensüchtigen Stiefbruder, Roger. Man erinnert sich an Jimmy Carter und Billy Carter, an Lyndon Johnson und seinen Bruder, das schwarze Schaf Sam Houston Johnson. Richard Nixons jüngerer Bruder versuchte in regelmäßigen Abständen, aus dem Familiennamen Kapital zu schlagen. Senator Edward Kennedy, der jüngste der Kennedybrüder, stellte als Jugendlicher einiges an, und als er älter war, brachte das seine Familie in eine sehr unangenehme Lage.

Der Artikel gab dann zu bedenken, daß Eltern häufig Kinder vom Kleinkindalter an formen, damit sie in der Familie bestimmte Rollen erfüllen. In einem allgemein üblichen Schema der Rollenverteilung wird man das älteste Kind zum/zur Verantwortlichen großziehen, der Person, die das Familienbanner trägt, dem Jungen oder Mädchen, das in der Schule und anderswo gute Leistungen bringt und dann, zur stolzen Genugtuung der Eltern, den Weg zum Erfolg einschlägt. Eine unverhältnismäßig hohe Anzahl von Präsidenten, Senatoren, Düsenpiloten, Rhodes-Stipendiaten[22] und federführenden Vorständen von Aktiengesellschaften sind erstgeborene Söhne (wie es Newton, Einstein, Freud, Julius Cäsar und Winston Churchill waren). Während sich Erstgeborene relativ häufig zu Machtpositionen hingezogen fühlen, tendieren Spätergeborene dazu, sich zu Herausforderern der gesellschaftlichkulturellen Macht zu entwickeln. (Kopernikus und Darwin waren jüngere Brüder.) Die erstgeborenen Kinder werden oft zu ernsten, zielgerichteten Menschen großgezogen. Dem Kind, das später

148

kommt, billigt man, aufgrund einer unbewußten Arbeitsteilung, all die Eigenschaften zu, die man dem erstgeborenen verweigerte. Der Kleine kann verantwortungslos sein, und die Eltern werden ihn als Spaßvogel ansehen. Man wird ihn ermuntern, sich keine zu hohen Ziele zu stecken, und wenn er ein mittelmäßiges Zeugnis nach Hause bringt, wird das bei weitem nicht so skandalös sein, wie es der Fall wäre, wenn sein älterer Geschwisterteil dies täte. (Denken Sie an all jene Grimmschen Märchen, in denen der älteste Bruder den Hof erbt, der zweite Sohn fortzieht, um Soldat zu werden, und es dem Jüngsten, der oft als »Dümmling« bezeichnet wird, überlassen bleibt, »sein Glück zu versuchen«, das heißt, für sich selbst zu sorgen. Oder an das Gleichnis vom verlorenen Sohn im Neuen Testament – Lukas 15, 11–32 –, wo es der jüngere Bruder ist, der von zu Hause fortgeht und sein Erbteil verschleudert. Es ist faszinierend, sich daran zu erinnern, daß John F. Kennedy als Heranwachsender ein *jüngerer* Bruder war, mit der stillschweigenden Erlaubnis, sorglos und ein bißchen verantwortungslos zu sein. Erst nach dem Tod seines älteren Bruders wurde er in die Position getrieben, nach Ruhm und Erfolg zu streben. Könnte es sein, daß einige der weniger schmeichelhaften Dinge, die wir über John F. Kennedys Privatleben erfahren haben, aus diesem inneren Zwiespalt herrührten, der Ungewißheit, ob er nun der verantwortliche älteste Bruder oder der sorglose jüngere war?)

Auf einer der ältesten Fotografien in unserem Familienalbum stehe ich (im Alter von etwa vier Jahren) zwischen meinem zweijährigen Bruder und einer kleinen Katze. Man sieht deutlich, daß wir *beide* vor der Katze Angst haben, aber als den Älteren bewog mich bereits ein unbestimmtes Gefühl der Verantwortung,

149

mich zwischen meinen Bruder und die Katze zu stellen. Ich habe oft gedacht, daß diese Fotografie etwas sehr Kennzeichnendes zum Ausdruck bringt. Ich bin sicher, daß es während der Jahre unseres gemeinsamen Aufwachsens Zeiten gab, wo mein Bruder gern in die Rolle des Verantwortlichen geschlüpft wäre, und ich hätte es liebend gern zugelassen, daß er die Sache übernimmt und mich von dieser Verantwortung befreit (was er von Zeit zu Zeit auch tat). Es muß Zeiten gegeben haben, wo ich mich über meine Eltern ärgerte, weil sie immer von mir erwarteten, daß ich der moralische Musterknabe bin. Es hätte mir möglicherweise Spaß gemacht, wenn man mir gelegentliche Momente der Verantwortungslosigkeit zugebilligt hätte. Wie eine Erstgeborene in einem autobiographischen Bericht schrieb: »Schon frühzeitig drängte man mich in ein ›Altsein‹, für das ich nicht gerüstet war. Meine jüngere Schwester betrachtete meine Position in der Familie mit Neid, denn sie sah mich als die Privilegiertere an, der man erlaubte, erwachsen zu sein, obwohl man ihr dies doch nicht zugestand. Nun, ich würde es mit Freuden bleibenlassen, für jeden die große Schwester zu spielen.« Größtenteils wurde ich zum älteren Bruder erzogen und mein Bruder zum jüngeren. Ich war zwei Jahre, als er geboren wurde, und er konnte den Abstand nie aufholen. Ich würde zur Schule gehen, bevor er dies täte, aufs College gehen, mich verheiraten, einen Beruf ergreifen, bevor er dies täte, nicht weil ich fähiger war, sondern einfach weil ich, durch keinerlei eigenes Verdienst, zuerst geboren worden war. Aber das legte mich auf die Rolle des Bahnbrechers fest. Die Geschichte meines Lebens ist in vielerlei Hinsicht eine Geschichte von meiner Bereitwilligkeit, die Leitung zu übernehmen, die Verantwortung zu tragen, oft bis zu dem Punkt, an dem anderen

150

nur zu sagen bleibt: »Er hat es gut gemacht, und wir wissen das zu schätzen, aber warum mußte er so viel davon selbst machen und für uns so wenig zu tun übriglassen, außer ihn zu bewundern und ihm dafür zu danken?« Vieles von der Antwort darauf hängt, wie ich vermute, damit zusammen, daß ich als erstgeborener Sohn großgezogen wurde.

Warum zwängen Eltern Kinder von Geburt an in Verhaltensmuster? Manchmal wiederholen sie Grundmuster ihrer Kindheit (»Er ist genau so ein Nichtsnutz wie mein jüngerer Bruder Alex. Er sieht sogar aus wie Alex«) oder ihres kulturellen Milieus (»Mädchen brauchen keine guten Noten; Mädchen müssen beliebt sein«). Manchmal reagieren sie auf die Persönlichkeit der Säuglinge selbst. Ich glaube, daß Babys mit einer Persönlichkeit zur Welt kommen; manche sind relativ schüchtern und manche relativ extrovertiert, und zwar von Geburt an. Manchmal ändern sich die Eltern von einem Baby zum nächsten. Sogar leibliche Brüder und Schwestern haben nicht wirklich dieselbe Mutter und denselben Vater, das heißt: Die Eltern waren möglicherweise bei dem ersten Kind unsicher und unerfahren (vielleicht sogar voller Groll, wenn es eine ungeplante Schwangerschaft war) und unverkrampfter bei späteren, oder sie waren möglicherweise für das erste Kind voll und ganz verfügbar und müssen sich notgedrungen ihre Zeit und Kraft einteilen, wenn einmal zwei oder drei da sind. Wenn jüngere Kinder es vorziehen, nicht mit einem älteren zu konkurrieren, das ihnen gegenüber im Vorteil ist, und aus eigenem Antrieb eine andere Richtung einschlagen, dann bekräftigen und unterstützen die Eltern bisweilen diese Wahl. Und in der Regel bestimmen Eltern ihre Kinder dazu, ihre eigenen unerfüllten Träume auszuleben, und investieren ihr Ego in das Kind,

151

das dies am allerwahrscheinlichsten tun wird. Ich denke an Isaak in der Bibel, der Esau bevorzugt, weil er der körperlich imposante Mann ist, der er nie war, oder an all die Väter, die erfolglose Sportler waren und sich gegenüber dem sportbegabtesten ihrer Söhne anders verhalten als gegenüber ihren Töchtern oder intellektuell befähigten Jungen.

Die Geschwisterkonflikte in biblischen Geschichten deuten ein Grundmuster an, das ich so oft in Familien gesehen habe, die mit internen Problemen konfrontiert sind. Genau so wie die Israeliten des Altertums ein Tier als den Sündenbock zu bestimmen pflegten und symbolisch alle ihre Sünden auf ihn abluden, bevor sie ihn losschickten, damit er in der Wüste verende, bestimmen Familien mit internen Problemen oft eines ihrer Kinder dazu, »der/die Schlimme« zu sein, um ihn/sie auf vielfältige, subtile Weise zu manipulieren, all die Teile der Familiendynamik auszuagieren, deren sie sich schämen. So können sie zu den maßgeblichen Leuten an der Schule oder zum Therapeuten gehen und sagen: »Unsere anderen Kinder sind ganz in Ordnung, aber mit Michael kommen wir einfach nicht klar.« Dieses Grundmuster wird fast nie absichtlich auferlegt, aber es schädigt jeden, der darin verwickelt ist – am schmerzhaftesten das als Sündenbock ausersehene Kind, dann seine Eltern, die sich in die ausweglose Situation manövrieren, für eines ihrer Kinder keine Liebe aufbringen zu können, und auch den als der oder die »Brave« ausersehenen Geschwisterteil.

Das »schlimme« Kind fühlt sich schuldig wegen des Kummers, den es seinen Eltern bereitet, und wird ziemlich bestürzt sein, sich unvermutet in dieser Position zu sehen. Der Kleine kann sich keineswegs erinnern, sie sich freiwillig ausgesucht zu haben. Die

152

»brave« Schwester aber wird häufig Schuldgefühle entwickeln, daß ihr die Rolle des geliebten, gelobten Kindes zufällt, während sie miterlebt, wie man ihren Bruder zum Gegenstand verbaler und körperlicher Bestrafung macht. Ja, mehr als nur das: Die »brave« Schwester wird sich oft darüber ärgern, daß sie den ganzen Tag lang das »brave« Kind spielen muß, genauso wie ihr Bruder, das »Problemkind«, sich darüber ärgert, daß man ihm die Rolle des Unruhestifters zuweist. Sie wäre möglicherweise viel lieber ein normales Kind als ein vorbildhaftes, mit guten und schlechten Tagen, guten und schlechten Zeugnissen, aber das wird ihr verweigert. Kinder, deren Eltern schwer gelitten haben oder leiden (Überlebende des Holocaust, Eltern, die mit Gesundheitsproblemen oder finanziellen Problemen belastet sind), haben das Gefühl, sie müßten »sie dafür entschädigen«, indem sie so vollkommen wie möglich sind. Sie müssen ihr normales Verhalten blockieren, um ihren Eltern weiteren Schmerz zu ersparen. (Wurde Kain ein Bebauer des Ackerbodens, um den Garten zu ersetzen, aus dem seine Eltern verbannt worden waren, bevor er zur Welt kam?) Und wenn eines der Kinder sich ernstlich schlecht benimmt, dann wird es wahrscheinlich diese Rolle völlig an sich reißen und es seinen Brüdern und Schwestern überlassen, die »Braven« zu sein (»Ich bin froh, daß du mir keine Probleme machst«). Die werden ihren Groll hinunterschlucken müssen (»Ihr schenkt ihm wegen seiner Ungezogenheit mehr Aufmerksamkeit als mir wegen meiner Bravheit«) und notgedrungen einen normalen Teil ihrer Persönlichkeit unterdrücken (um sie, wie es oft der Fall ist, als rebellisches Verhalten in ihrem vierten oder fünften Lebensjahrzehnt statt im Teenageralter zum Vorschein kommen zu lassen, oder Jahre später als wütende Gerciztheit gegenüber einem abhängigen Elternteil). In Sue Millers Roman *Familienbilder* erinnert sich die Heldin daran, daß ihre Mutter ihren autistischen älteren Bruder liebte, ganz gleich, wie extrem oder abartig dessen Verhalten auch sein mochte, ihr hingegen die Botschaft vermittelte, daß sie sie nur lieben würde, wenn sie brav, ruhig, folgsam und zufrieden, »mein perfektes Baby«, wäre. Faber und Mazlish, die Autoren von *Geschwister ohne Rivalität*, führen eine Parallele aus dem wirklichen Leben an, indem sie eine Frau zitieren, die zu ihrer Mutter sagt: »Jedesmal, wenn ich versuchte, mich aufzulehnen, etwa als ich einmal in der fünften Klasse die Schule schwänzte, oder als ich mich weigerte, jemanden auf dem Klavier zu begleiten, bekam ich immer nur zu hören: ›So bist du doch gar nicht, Liebes.‹ Weißt du eigentlich, was es für mich bedeutet hätte, wenn du bloß *einmal* gesagt hättest: ›Du mußt nicht die ganze Zeit so brav sein. Du mußt nicht so perfekt sein. Du mußt nicht Mutters Sonnenschein sein. Du kannst ekelhaft, ungebärdig, schludrig, *normal* sein, ... und ich werd' dich keinen Deut weniger lieben.‹«

Wenn ein Kind gestorben ist, sehen sich die überlebenden Geschwister häufig unvermutet von Gefühlen irrationaler, unverdienter Schuld und dem selbstauferlegten Druck belastet, ihre Eltern »dafür zu entschädigen«, indem sie ein vollständiger Ersatz sind und das Leben des verstorbenen Kindes zusätzlich zu ihrem eigenen verwirklichen – eine innere Verpflichtung, die sie niemals zufriedenstellend zu erfüllen vermögen. Es mag eine (meistens ungerechtfertigte) Empfindung sein, daß sie etwas hätten tun können, um den Tod zu verhindern, oder daß ihre von Eifersucht und Ärger geprägten Wünsche ihn verursacht haben könnten. Es mag eine Form von Überlebens-Schuldgefühl sein,

154

darüber, daß man derjenige ist, der weiterlebt, insbesondere wenn die Eltern, erschüttert durch den schmerzlichen Verlust, ausführlich über die wundervollen Eigenschaften des verstorbenen Kindes reden. Die überlebenden Geschwister sagen sich möglicherweise: »Sie wären bei weitem nicht so aufgelöst, wenn ich der/die Verstorbene wäre und er/sie noch lebte.«

Wie viele amerikanische Leser dieses Buches wissen, erlitten meine Frau und ich den Verlust eines vierzehnjährigen Sohnes. Wenige Jahre später schrieb ich aus dieser Erfahrung heraus ein Buch, *Wenn guten Menschen Schlimmes passiert*. Gerade als unsere Tochter anfing, sich mit dem Tod ihres Bruders abzufinden und sich daran zu gewöhnen, uns für sich zu haben, mußte sie damit fertig werden, daß ihr Vater im Land herumreiste und im Fernsehen auftrat, um über ihren toten Bruder zu reden, statt dazusein, um ihr bei ihren Schularbeiten zu helfen. Das *People*-Magazine verschärfte das Problem noch, indem es einen Artikel über mein Buch veröffentlichte, der ein großes Bild von unserem Sohn Aaron brachte, mit der Bildunterschrift: »Vier Jahre nach seinem Tod ist er noch immer das wichtigste Mitglied der Familie.«

Auch ein Bruder oder eine Schwester, den/die wir nie gekannt haben, kann eine Quelle von Schuldgefühlen sein. Francine Klagsbrun unterbricht ihre psychologische Studie über Geschwisterbeziehungen, *Gemischte Gefühle,* um sich daran zu erinnern, daß ihre Eltern ein älteres Kind hatten, das starb, bevor sie zur Welt kam, und zu überlegen: »Hätten meine Eltern kein zweites Kind mehr gewollt, wenn Sidney am Leben geblieben wäre? Haben wir unsere Leben ausgetauscht, er und ich, und er seines verloren, damit ich geboren werden konnte?«

155

Es ist interessant, daß so viel über den Ödipuskomplex geschrieben wurde, den Konflikt zwischen Vater und Sohn, und über die verdrängten inzestuösen Gefühle, die Väter und Töchter, Mütter und Söhne füreinander hegen. Aber so wenig wurde geschrieben über die Probleme, die Brüder und Schwestern miteinander haben. Francine Klagsbrun schreibt: »Wir sind gewohnt, unsere Beziehungen zu den Eltern zu analysieren (und tun dies in vielen Fällen unaufhörlich). Aber wenn Menschen versuchen, ihre Bindungen an Brüder und Schwestern zu analysieren, stellen sie möglicherweise unvermutet fest, daß ihnen weitgehend die richtigen Worte fehlen … Ich möchte tatsächlich behaupten, daß Erinnerungen, die Geschwister betreffen, einen noch größeren Einfluß auf unsere Beziehungen im Erwachsenenalter haben als jene, die Eltern betreffen. Weil so viele unserer Interaktionen mit Gleichrangigen erfolgen – mit unserem Ehepartner, mit Freunden oder Mitarbeitern –, ist es in vielen Fällen leichter, diese jeweils als Geschwisterersatz zu identifizieren, als in ihnen Elterndoubles zu erkennen, und auf sie viele von den Einstellungen und Gefühlen zu lenken, die wir gegenüber Brüdern und Schwestern hatten.« Ist es möglich, daß unser Empfinden, wer wir sind, von unseren Eltern und unserem Ehepartner geformt wird, aber unsere gewohnheitsmäßige Art, uns auf andere zu beziehen, in ihrer Grundtendenz widerspiegelt, wie wir uns auf unsere Brüder und Schwestern bezogen haben?

Gibt es ein Mittel gegen diese Erbsünde, die Angst von Geschwistern, sie würden ungeliebt bleiben, wenn ihre Eltern jemand anderen haben, den sie mit ihrer Liebe überhäufen können? Möglicherweise gibt es sehr wohl ein Mittel. Unsere Gefühle geschwisterlicher Eifersucht zu bewältigen, kann tatsächlich ein

156

wichtiger Bestandteil des Erwachsenwerdens sein. Gestützt auf eine Hypothese von Sigmund Freud, schreibt Klagsbrun: »Sobald Kinder klar erkennen, daß sie mit Rivalität nichts erreichen können und daß sie die Liebe ihrer Eltern mit ihren Geschwistern teilen müssen, beginnen sie, sich mit anderen Kindern wie mit sich selbst zu identifizieren. Aus dieser Identifikation erwächst der Keim eines Gerechtigkeitsgefühls, der motivierende Leitsatz, daß man, wenn unsereiner nicht mehr als ein anderer geliebt werden kann, alle gleich und unparteiisch behandeln muß.«

Mit anderen Worten: Die Geschichte muß nicht damit enden, daß Kain Abel umbringt, in dem Bemühen, der einzige zu sein, dem Gottes – oder Evas – Liebe zuteil wird. (Es gibt eine uralte, mehr als zehntausend Jahre vor Freud aufgezeichnete Sage, der zufolge Kain und Abel sich darüber stritten, wer von ihnen Evas Gatte werden würde, wenn Adam einmal nicht mehr lebte.) Die Geschichte könnte schildern, daß Kain und Abel einsehen, wieviel sie miteinander gemein haben, sind sie doch von den Launen eines tyrannischen Gottes abhängig und arbeiten zusammen in dem Bestreben, Ihn zu begreifen und zu erfreuen. Schließlich raufen Brüder und Schwestern nicht nur. Sie teilen mehr miteinander als mit Eltern oder selbst Ehepartnern, und dies über mehr Jahre hin und häufig inniger, intensiver. (Ich lebe viel mehr Jahre, und viel enger, mit meiner Frau zusammen als damals zu Hause mit meinem Bruder, und habe viel mehr mit ihr geteilt. Aber es wird immer noch vorkommen, daß ein Codewort aus einem Spiel, das wir in der Kindheit spielten, meinen Bruder und mich dazu bringt, in unwillkürliches, schallendes Gelächter auszubrechen, und meine Frau verdutzt und verständnislos daneben steht.) Sobald die Rivalität einmal in die richtige Perspektive gerückt wird,

157

sobald die Erbsünde, die darin besteht, das Gefühl zu haben, es sei einem die Liebe eines anderen Menschen gestohlen worden, als der Irrtum durchschaut wird, der sie ist, gibt es vieles, auf dem man aufbauen kann.

Wenn die Genesis eine Chronik der Geschwisterrivalität ist, ist es auch ein Buch der Geschwisterversöhnung. Isaak und Ismael kommen am Grab ihres Vaters Abraham zusammen. Jakob und Esau überwinden ihre Erinnerungen an vergangene Kränkungen und Ängste und liegen sich nach zwanzig Jahren der Entfremdung in den Armen. Und in der berühmtesten Geschichte, die je über Haß und Eifersucht bezwingende Brüder geschrieben wurde, wird Josef mit den Brüdern wiedervereinigt, die ihn in die Sklaverei verkauften. Jahrelang träumte Josef davon, mit ihnen abzurechnen (und vielleicht auch davon, mit seinem Vater abzurechnen, weil der ihn zum begünstigten Sohn und zum Gegenstand des Hasses seiner Brüder gemacht hatte). Aber als er schließlich die Macht hatte, es zu tun, als er ein hoher Regierungsbeamter war und sie vom Hunger heimgesuchte Schafhirten waren, die um Nahrung bettelten, wurde es Josef plötzlich klar, daß er nicht wirklich Vergeltung wollte. Er wollte Familie. Und Familie konnte er nicht haben, wenn nicht beide Seiten über den Haß und die verletzten Gefühle aus den Jahren ihres Erwachsenwerdens hinausgelangten.

Ich kenne so viele Menschen, die sich zu einem Leben der Entfremdung verurteilt haben, die darauf bestehen, auf jeder Hochzeitsfeier, Geburtstagsparty und Familienzusammenkunft einen Platz leer zu lassen, weil sie vor Jahren einen Streit mit einem Bruder oder einer Schwester hatten, der auf der Erbsünde beruhte zu glauben, es sei nicht genügend Liebe für jeden da, und

158

wenn jemand mehr nehme als den ihm zustehenden Teil, bleibe für den/die andere(n) nichts mehr übrig. Jahrzehnte waren vergangen, die Eltern waren alt geworden und möglicherweise gestorben, aber sie stritten noch immer darüber, wen von ihnen ihre Mutter mehr geliebt hatte, als sie Kinder waren. Möglicherweise hatten sie Eltern, die sich nicht besonders gut darauf verstanden, gleichzeitig mehrere Kinder zu lieben. (Wie Faber und Mazlish betonen, wollen Kinder nicht wirklich *gleich* geliebt werden. Sie wollen *in einzigartiger Weise* geliebt werden, wegen ihres eigenen, besonderen Ich, und nicht jeder Vater oder jede Mutter weiß, wie man das macht.) Möglicherweise wurden sie von manipulierenden Eltern großgezogen, die sie dazu brachten, miteinander um die Position des am meisten geliebten Kindes zu wetteifern. Aber Jahre später wird jede ihrer Begegnungen von dem Schuldgefühl vergiftet, bevorzugt zu werden, oder dem Kränkungsschmerz, nicht beachtet zu werden. Jeder der beiden trägt ein geistiges Bild vom anderen mit sich herum, das jahrzehntealt ist. Sie müssen unbedingt einsehen, daß, geradeso wie sie und ihre Brüder und Schwestern nicht mehr den Kindern auf den Fotografien im Familienalbum ähnlich sind, sie nicht mehr den geistigen Klischees ähnlich sind, auf die sich jeder von ihnen innerlich fixiert hat. Als Jakob und Esau nach zwanzig Jahren der Trennung zusammentrafen, stellte jeder von beiden fest, daß sein Erinnerungsbild von seinem Bruder um zwanzig Jahre veraltet war. Jeder hatte einen Menschen gehaßt oder gefürchtet, der nicht mehr existierte, einen Menschen, der Jahre zuvor durch eine reifere, durch Erfahrung und die harten Lektionen des Lebens gemäßigte Gestalt ersetzt worden war.

Zahllose Male habe ich vor einem Gottesdienst in dem für die engsten Angehörigen vorgesehenen Raum einer Begräbniskapelle gesessen, während die Kinder des relativ alten Elternteils, der gestorben war, sich, aus verschiedenen Richtungen eintreffend, versammelten. Manchmal, wenn es zu einer Familienfehde gekommen war (was in vielleicht einem Drittel aller Familien, mit denen ich zu tun hatte, der Fall war!), legten die Brüder und Schwestern Wert darauf, jeweils am anderen Ende des Raumes zu sitzen und abzuwarten, bis sie an der Reihe waren, mit mir zu sprechen. Aber häufiger streckten sie die Hände nacheinander aus, erst zögernd, voller Angst, zurückgewiesen zu werden, sanken einander aber in die Arme in diesem Moment, wo sie sich ihren gemeinsamen Erinnerungen und ihrem gemeinsamen Sterblichkeitsgefühl stellten, und sagten: »Warum haben wir damit so lange warten müssen? Warum war das hier nötig, um uns in *einem* Raum zusammenzubringen?« (Ich hörte kürzlich die wahre Geschichte von zwei Brüdern, die eine Auseinandersetzung hatten und zwanzig Jahre lang nicht mehr miteinander sprachen. Als der eine starb, brach der andere zusammen und schluchzte: »Jetzt habe ich Sam nie mehr, um nicht mit ihm zu reden.«)

Manchmal läßt sich die Kluft, die Brüder und Schwestern während ihrer Jahre des Heranwachsens trennt, im späteren Leben verringern, wenn sie allmählich die Unterschiede zwischen ihnen abbauen, die einen so großen Raum einnahmen, als sie, die Geschwister, klein waren. Geradeso wie viele Männer im mittleren Alter ihre vergrabene weibliche Seite zum Vorschein kommen lassen, dabei weniger konkurrieren und mehr ihre menschlichen Kontakte pflegen, und geradeso wie viele Frauen in einem entsprechenden Alter es sich gestatten, selbstbewußt ihre eigene

160

Individualität zu behaupten, statt für und durch andere zu leben, greifen viele Brüder und Schwestern nach Ganzheit, indem sie den Rollen entwachsen, die man ihnen in der Kindheit zuteilte, und »sich ineinander verwandeln«. Der Unternehmer setzt sich vorzeitig zur Ruhe, um am örtlichen Gemeindecollege zu unterrichten, während sein belesener Bruder beginnt, dem Wert seiner Kapitalanlagen in den Börsenkursen nachzuspüren. Die Karrierefrau gibt sich völlig ihrer neuen Karriere als Mutter hin, während ihre jüngere Schwester, die mit neunzehn verheiratet und mit zwanzig Mutter war, jetzt, wo ihre Kinder Teenager sind, hinausgeht und einen Beruf ergreift. Und wenn sie clever sind und Glück haben, wird jeder Geschwisterteil dem anderen seine in vielen Jahren gewonnene Erfahrung zugute kommen lassen.

Einer meiner Freunde, ein Arzt in Boston, teilte diese Erinnerung mit mir: »Auf uns traf die klassische Geschichte zu von dem älteren Bruder, der mehr leistet als erwartet, und dem jüngeren Bruder, der weniger leistet als erwartet. Ich ging auf die medizinische Fakultät, mein Bruder verließ das College ohne Abschluß und ging nach San Francisco, um an einer Straßenecke in Haight-Ashbury Gitarre zu spielen. Meine Mutter prahlte mit meinen Noten, meinen Ämtern, meinen Publikationen und wechselte das Thema, wenn sich Leute nach Stanley erkundigten. Als meine Mutter starb, kam ich von Boston herunter zur Beerdigung; Stan flog aus Kalifornien ein. An dem Nachmittag vor dem Beerdigungsgottesdienst saß ich mit Mutters Adreßbuch auf dem Schoß da und rief alle ihre Freunde an, um sie von dem Gottesdienst zu benachrichtigen, während mein Bruder ausgestreckt auf der Couch lag und sich ausruhte. Ich bekam es langsam satt, die Anrufe zu machen, und ärgerte mich über die Tatsache, daß ich

161

das alles selbst erledigen mußte, wie ich es zeit meines Lebens getan hatte, während mein Bruder herumhing oder Mist baute. Ich war schon drauf und dran, ihm eine Grobheit an den Kopf zu werfen, aber statt dessen sagte ich, zu meiner eigenen Überraschung, aus irgendeinem Grund: »Stan, warum nimmst du nicht dieses Buch und machst die restlichen Anrufe?« Er sagte: »Klar doch«, stand von der Couch auf und erledigte die Sache wirklich gut. Ich denke, er war dankbar dafür, daß man ihn bat, sich nützlich zu machen. Aber ich vermute: Wenn ich nichts gesagt hätte, wären wir auf diesen ausgetretenen Pfaden weitergetrottet – ich mit dem Gefühl, ausgenutzt und verantwortlich zu sein, und Stan mit dem Gefühl, ausgeschlossen und abgelehnt zu sein. Nicht mehr als ein paar Worte waren erforderlich, um das Grundmuster zu ändern. Stan und ich stehen uns jetzt wesentlich näher als in vielen Jahren zuvor. Wir haben herausgefunden, daß wir uns viel ähnlicher sind, als wir uns je hätten vorstellen können. Und ich ertappe mich bei der Frage, wie anders unser Leben wohl verlaufen wäre, wenn ich diese Worte ein paar Jahre früher geäußert hätte.«

Vor einigen Jahren machten meine Frau und ich Urlaub in Jerusalem. Ich war unterwegs, um an der Westlichen Mauer, dem noch verbliebenen Rest des altisraelitischen Tempels, zu beten, als ich eine dichte Menschenmenge sah, die sich um einen Straßenecken-Prediger scharte. Ich blieb stehen, um zuzuhören, und erfuhr diese Geschichte: In einer kleinen Stadt in Polen, wo die meisten Juden arm und ungebildet und untereinander zu einem harten Konkurrenzkampf gezwungen waren, um sich mühsam durchzuschlagen, lebte *ein* Mann, der wegen seiner Gelehrsamkeit, seines Reichtums und seiner Frömmigkeit weit und breit

162

bewundert wurde. Eines Tages erhielten ein Dutzend Gemeinde-führer[23] zu ihrer Freude und ihrem Erstaunen eine Einladung in sein Haus: »Ihr seid am nächsten Dienstagabend um sechs Uhr in Reb[24] Isaaks Haus zu einem Essen eingeladen, das des Paradieses würdig ist.« Sie konnten es kaum abwarten, daß es endlich Dienstag wurde. Abendessen bei Reb Isaak! Ein Mahl, des Para-dieses würdig! Sie erschienen alle pünktlich um sechs und wur-den in das Speisezimmer geleitet, wo der Tisch elegant mit Geschirr, Gläsern und Tafelsilber gedeckt war. Als sie saßen, brachte ein Diener Reb Isaak eine Schriftrolle, über der er den traditionellen Segen sprach. Der Diener stellte dann eine Schüssel Suppe vor ihn hin; aber die Gäste bekamen keine. Reb Isaak begann, seine Suppe zu essen, und bemerkte dabei: »Mmmh, ist das eine gute Suppe. Ich kann mich nicht erinnern, jemals eine so schmackhafte Suppe gekostet zu haben.« Die Gäste standen vor einem Rätsel; weshalb wartete man nicht auch ihnen auf? Als Reb Isaak mit seiner Suppe fertig war, gab er seinem Diener ein Zeichen; dieser trug die Schüssel weg und kehrte einen Moment später mit einem Teller Fleisch und Gemüse für den Gastgeber zurück; und wiederum gab es für die Gäste nichts. Reb Isaak fuhr mit dem Essen fort und sagte: »Oh, ist das so gut. Ihr könnt euch gar nicht vorstellen, was euch da entgeht. Das ist so schmackhaft, ich liebe es.« Endlich platzte einer der eingeladenen Gäste heraus: »Reb Isaak, ich versteh' das nicht. Habt Ihr uns hierherbestellt, um uns zu verhöhnen? Wir wurden zu einem Essen eingeladen, das des Paradieses würdig ist, aber Ihr allein bekommt das Mahl, und wir dürfen nur zuschauen, wie Ihr es genießt. Warum tut Ihr uns das an?« Reb Isaak lächelte. »Ein Mahl, das fürwahr des Paradieses würdig ist. Was dachtet ihr denn, wie es sein würde?

163

Ist das Paradies eine berühmte Gaststätte? Ist das Paradies ein Lokal, wo man gern wegen dessen erlesener Speisen und Weine hingeht? Nein, das Paradies ist ein Ort, wo die Menschen einander genügend lieben, um am Glück eines anderen Vergnügen zu finden. Das Paradies ist jeder Ort, an dem ihr mit ansehen könnt, daß euer Nächster Erfolg hat, und ihn nicht darum beneidet. Das Paradies ist ein Ort, an dem die Menschen wissen, daß die wahrhaft wichtigen Dinge des Lebens in solchem Überfluß vorhanden sind, daß für jeden mehr als genug davon da ist; wir müssen sie nicht unserem Nächsten entreißen. Und jetzt, wenn wir alle diese Lektion gelernt haben, lasse ich euer Essen für euch auftischen.«

Kain und Abel waren die ersten Menschen, die nie im Paradies lebten. Sie waren die ersten Menschen, die um elterliche Anerkennung wetteifern mußten und mit elterlicher Ablehnung zu kämpfen hatten. Sie wußten nie, daß ein von ihnen selbst geschaffenes Paradies für sie erreichbar war. Sie hätten nur eines tun müssen: einander genügend lieben, um wechselseitig Vergnügen am Erfolg des anderen zu finden, statt zu glauben, der Erfolg des anderen komme auf ihre Kosten zustande. Sie hätten nur eines tun müssen: begreifen, daß Liebe nicht wie ein Bankguthaben ist, das zur Neige geht, während es verschenkt wird, wo jeder Dollar Liebe nur *ein*mal ausgegeben werden kann. Die Liebe ist keine Warteschlange am kalten Büfett, wo die Gefahr besteht, daß sich die Person vor Ihnen zuviel nimmt und für Sie zuwenig übrigläßt. Die Liebe ist wie ein Muskel; je intensiver man sie heute trainiert, desto intensiver kann man sie morgen einsetzen. Den Eltern, die *ein* Kind lieben, geht nicht die Liebe aus. Sie üben sich im Lieben und werden besser darin sein, wenn es an der Zeit ist, ihre anderen

164

Kinder zu lieben. Jedesmal, wenn wir unsere Liebe »verschenken«, füllt Gott sie wieder auf, so daß wir der Kanal Seiner Liebe werden, die zu jedem Seiner Kinder fließt, ein Kanal, der nie austrocknet. Wäre Kain einsichtig genug gewesen, dies zu begreifen, dann hätte er möglicherweise seine Tage nicht als freudloser Wanderer verbracht. Er hätte möglicherweise für sich und seine Nachkommen das Paradies wiedergewonnen, das Adam und Eva verloren hatten.

Kapitel sieben

Das Leben

nach Eden

Als Gott Adam und Eva die Konsequenzen entgegenhielt, die sich daraus ergaben, daß sie die Erkenntnis von Gut und Böse erlangt hatten, als Er sie zum Menschsein »verurteilte«, setzte Er drei Bereiche fest, in denen ihr Leben schwieriger, schmerzensreicher sein würde als das Leben der nach ihrem Weggang in dem Garten verbleibenden Tiere. Er sagte Adam, daß er seinen Lebensunterhalt »im Schweiße seines Angesichts« würde verdienen müssen. Berufstätigkeit würde problematisch und Kreativität würde beschwerlich sein. Gott sagte Eva, daß die beiden Formen von Liebe, die die Doppelpfeiler ihres Lebens sein würden, nämlich ihre sexuelle Bindung an ihren Mann und ihre elterliche Verbundenheit mit ihren Kindern, komplizierter sein würden als das Paarungs- und Fortpflanzungs- bzw. Brutpflegeverhalten anderer Geschöpfe. Und Er sagte ihnen beiden, daß sie den Rest ihrer Tage »im Tale des Todesschattens«[25] verbringen würden. Alle Tiere (ausgenommen die einfachsten Lebensfor

167

men) würden sterben. Aber nur Menschen würden mit dem täglichen Wissen um ihre Sterblichkeit leben.

Weil wir dazu erzogen wurden, die Geschichte vom Garten Eden als einen Bericht über Sünde und Bestrafung zu deuten, haben wir aus den eben umschriebenen Versen natürlich die über Adam und Eva wegen ihres Ungehorsams verhängten Strafen herausgelesen, eine Reihe von Beschwernissen, die wir von unseren Stammeltern geerbt haben. So haben wir uns darüber geärgert, arbeiten zu müssen, und uns auf den Ruhestand gefreut. Wir haben die Tatsache beklagt, daß Liebe so wenig verläßlich ist, daß es so schwer ist, den richtigen Lebenspartner zu finden, so schmerzhaft, abgelehnt zu werden, wenn man liebt, und so frustrierend, ein Kind großzuziehen. Und wir sind zu der Ansicht gelangt, daß der Tod die endgültige Beleidigung, die endgültige Verneinung ist, die uns alle, jeden einzelnen, tagtäglich der Gefahr aussetzt, daß unser Leben verfrüht abbricht, bevor wir all das haben tun können, was wir tun wollen. Das Leben außerhalb von Eden – das scheint tatsächlich irgend jemandes Vorstellung von Strafe zu sein, eine Mischung aus heutiger Qual und der Angst vor morgen. Aber in diesem Buch will ich durchgängig zu verstehen geben, daß unser von Adam und Eva stammendes Erbe nicht Sünde und Strafe ist, sondern die Last und herausfordernde Aufgabe, wahrhaft Mensch zu sein. Arbeit, Liebe und das Tal des Schattens mögen schmerzhaft sein, aber wie leer wäre unser Leben, wieviel weniger menschlich wäre unser Leben ohne sie.

Lassen Sie mich zuerst auf den offenkundigen Sachverhalt hinweisen, daß nicht alles, was beschwerlich ist, schlecht ist; nicht alles, was unangenehm ist, ist schlecht. Ich hörte einmal eine Erzieherin über die jungen Menschen, mit denen sie arbeitete,

168

sagen: »Sie wollten sich einfach nicht langweilen lassen, also konnte man sie zu nichts erziehen.« Manche Dinge sind es wert, daß man hart arbeitet, um sie zu erlangen. Manche Dinge bedeuten uns mehr, weil wir hart arbeiten mußten, um sie zu vollbringen. Sie geben uns das Gefühl, tüchtig und kompetent zu sein. (Macht es etwa Spaß, ein simples Kreuzworträtsel zu lösen?)

Aber ist es wirklich eine Strafe, arbeiten zu müssen? Zugegeben, viele Männer und Frauen mögen ihren Beruf nicht, und vermutlich gibt es bei uns allen Tage, an denen wir am liebsten einmal richtig ausschlafen und schön gemütlich frühstücken würden, statt zur Arbeit zu gehen. Aber vielleicht mögen wir unseren Beruf ja genau deswegen nicht, weil es ein elementares menschliches Bedürfnis gibt, schöpferisch tätig zu sein, beim Umgestalten der Welt mitzumachen, und wir frustriert sind in einem Beruf, der uns dazu nicht die Entfaltungsmöglichkeit und Herausforderung bietet.

Arbeit gibt uns das Gefühl, daß wir nützlich sind. Sie gliedert unseren Tagesablauf, und durch sie haben wir einen Ort, zu dem wir uns morgens nach dem Aufstehen begeben können, und das sollte man nicht unterschätzen. Nach dem Tod meines Sohnes fragten mich die Führer meiner Gemeinde, ob ich mich nicht von ihnen für den Rest des Jahres beurlauben lassen und der Arbeit fernbleiben wolle, damit ich den Verlust bewältigen könnte. Ein kluger Freund sagte mir, daß sich das als ein Fehler erweisen würde. »Zum gegenwärtigen Zeitpunkt«, sagte er, »wäre es für dich das Schlechteste, an sieben Tagen in der Woche aufzuwachen und sonst nichts zu tun zu haben, als rumzusitzen und dich selbst zu bemitleiden. Was du jetzt dringend brauchst, sind straff organisierte Tagesabläufe.« Ein Bekannter von mir besitzt eine

Fleischwarenfabrik im Mittleren Westen. Die Devise seiner Firma lautet: »Leute machen keine Würste; Würste machen Leute.« Das heißt, die Zielsetzung der Firma besteht nicht darin, ein Produkt herzustellen. Die Zielsetzung besteht darin, den Menschen, die dort arbeiten, das Gefühl zu geben, daß sie tüchtige, geschätzte Männer und Frauen sind. Die Fleischprodukte sind Nebenprodukte. Er erzählt mir stolz, sein Betrieb sei produktiver und habe weniger Arbeitsausfälle durch unentschuldigt fernbleibende Mitarbeiter als die Konkurrenzfirmen.

Arbeit gibt uns das Gefühl, daß wir gebraucht werden. Ich denke an all die Geschäftsleute aus meinem Bekanntenkreis, die sagen: »Es gibt zwei Gründe, weshalb ich nie Urlaub mache. Erstens hab' ich Angst, der Laden könnte ohne mich nicht laufen. Und zweitens hab' ich Angst, sie schaffen's doch.« Warum ziehen es eigentlich so viele, die in der Lotterie gewonnen haben, vor, weiterhin zu arbeiten, anstatt zu Hause zu bleiben und ihren Gewinn auszugeben? Warum haben es die Kinder der Kennedy-, Rockefeller- und Harriman-Familien vorgezogen, ein Leben im Dienste der Öffentlichkeit zu führen, anstatt ausschließlich von ihrem Treuhandvermögen zu leben? Vermutlich brauchen sie das psychologische Einkommen, das darin besteht, daß sie ihre Tüchtigkeit beweisen und der Welt etwas geben. Ebendeshalb bekommen so viele Männer Depressionen und Gesundheitsprobleme, wenn sie entlassen werden oder in den Ruhestand treten. Untersuchungen haben gezeigt, daß bei Männern die Wahrscheinlichkeit, wegen einer Depression ins Krankenhaus eingewiesen zu werden, größer ist, wenn diese durch den Verlust eines Arbeitsplatzes verursacht wurde, als wenn sie vom Tod eines Familienmitglieds herrührt. Und daran mag es auch liegen, weshalb so

170

viele Frauen, für die eine Karriere nicht in Frage kam, am »Leeres-Nest«-Syndrom leiden, wenn das letzte Kind das Haus verläßt, und weshalb so viele Witwen erpicht darauf sind, wieder zu heiraten, nicht um jemanden zu haben, der sich um sie kümmert, sondern um jemanden zu haben, um den sie sich kümmern können. Das ist ihre »Arbeit«, durch die sie ihre Tüchtigkeit behaupten und vor der Welt etwas darstellen. Die Psychologin Pauline Bart schreibt darüber, wie es ihr erging, als sie eine Jüdin mittleren Alters interviewen wollte, die man wegen Depression ins Krankenhaus eingewiesen hatte. Sie konnte keine Anamnese machen, weil die Frau dauernd eigene Fragen stellte: »Sind Sie verheiratet?« »Warum sind Sie so dünn?« »Kochen Sie für sich selbst?« »Warum tragen Sie so viel Make-up?« Die Frau war deprimiert, weil sie niemanden hatte, dem sie Mutter sein konnte. Wie der deprimierte männliche Patient weiter hinten im Flur fühlte sie sich »arbeitslos« und daher wertlos.

Arbeit gibt uns das Gefühl, schöpferisch zu sein. Als die Schlange Eva verleitete, von der verbotenen Frucht zu essen, stellte sie ihr in Aussicht, sie werde wie Gott werden. Gott erschafft; in dieser Tätigkeit zeigen Ihn uns die Anfangsverse der Bibel. Wenn wir Menschen schöpferisch tätig sind, wenn wir etwas anfertigen oder gestalten, das es ohne uns nicht gäbe, können wir uns ein wenig wie Gott fühlen. Es könnte doch sein, daß Gott, als Adam und Eva ihren Zugang zum Baum des Lebens verwirkten, indem sie vom Baum der Erkenntnis aßen, die beiden außerhalb von Eden aussetzte und ihnen sagte, sie sollten arbeiten und Kinder gebären – nicht um sie damit zu bestrafen, sondern um ihnen *ein Mittel gegen ihre Sterblichkeit* an die Hand zu geben. Durch Kinder erlangen wir biologische Unsterblichkeit und die Fortdauer unse-

171

res Namens und unserer Werte. Durch unsere Arbeit lassen wir ein greifbares Zeugnis davon zurück, wer wir waren und auf welchem Gebiet wir gut waren. Tracy Kidder schildert in *Die Seele einer neuen Maschine*, seinem Buch über Computer, die Empfindungen von Technikern, die gerade die Herstellung eines neu konzipierten Computers abgeschlossen hatten. Sie sprechen von »Selbstverwirklichung, einem Gefühl persönlicher Vollendung, weil man jetzt weiß, daß das Ding, das man konzipiert hat, tatsächlich so funktioniert, wie man es erwartet hat.« Einer der Techniker stellt sich sogar vor, daß Gott sich so gefühlt haben muß, als Er die Welt ansah, die Er erschaffen hatte, und sie für gut erklärte. Arbeit als Strafe, als Entfremdung von einem erfüllenden Leben? Danach klingt das wohl kaum.

Als mir vor mehreren Jahren meine Verwandlung von einem Gemeinderabbiner zu einem Bestsellerautor so viel Freiheit gab wie nie zuvor, gingen meine Frau und ich auf eine sechswöchige Urlaubsreise nach Neuseeland, Australien und dem Südpazifik. Ab der fünften Woche mußte ich feststellen, daß ich gereizt und nervös wurde. Ich konnte nicht verstehen, weshalb. Wir unternahmen erfreuliche Dinge an idyllischen Schauplätzen. Warum hatte ich aufgehört, mich so sehr daran zu erfreuen wie in dem ganzen Monat zuvor? Dann wurde mir klar: ich litt an Entzugserscheinungen, weil mir meine Arbeit fehlte. Schon mehr als einen Monat lang tat ich nicht die Dinge, durch die ich mich definierte. Kein Schreiben, kein Vorträgehalten, kein Gottesdiensteleiten, kein Beraten sorgenvoller Gemeindemitglieder. Es war so, als ob ich dadurch, daß ich keines von diesen Dingen tat, aufgehört hätte, ich zu sein. Es war nicht das Geld; es war die Arbeit als eine Möglichkeit, zu erproben und kundzugeben, wer ich war und was

172

ich zu tun vermochte. (Offenbar war ich fähig, einen Monat ohne sie auszukommen, ehe sie sich bei mir meldete; manche Menschen tun sich schwer, das über ein langes Wochenende hin zu schaffen.)

Ich würde sogar darauf beharren, daß Arbeit, wenn sie in der richtigen Geisteshaltung getan wird, heilig sein kann. Es gibt im Englischen eine linguistische Verbindung zwischen den Wörtern »work« (Arbeit/Werk) und »worship« (Anbetung/Gottesdienst). Arbeit kann eine Möglichkeit sein, Gott zu dienen. Was immer wir zu unserem Lebensunterhalt tun – wir können lernen, es nicht nur im Hinblick auf das Geld zu betrachten, das wir damit verdienen, sondern auch im Hinblick auf den Segen und Nutzen, den es anderen Menschen bringt. Mein Kollege Rabbi Jeffrey Salkin hat ein Buch mit dem Titel *Gottes Partner sein* geschrieben, das von einer spirituellen Einstellung zu unserer Arbeit handelt. In ihm schildert er einen Mann, der für eine Möbelspedition arbeitet und an seine Arbeit mit einer religiösen Einstellung herangeht. Der Mann erklärt, daß ein Umzug für die meisten Menschen Streß bedeutet. Sie sind voller Ungewißheit darüber, was sie in ihrer neuen sozialen Gemeinschaft erwartet. Wenn er die Erfahrung macht, wie er als ein dank seiner inneren Haltung liebenswürdiger und ungestreßter Mitmensch ihre Habe verstaut und transportiert, wenn er mit ihnen über die neuen Möglichkeiten spricht, die sie jetzt haben, dann ist er überzeugt, daß er Gott dient, indem er diesen Menschen hilft, sich weniger zu ängstigen. Rabbi Salkin schreibt über eine Unterwäscheverkäuferin, die ihren normalerweise alltäglichen Beruf heiligt, indem sie mit Kundinnen, die eine Brustamputation hinter sich haben und in ihr Geschäft kommen, besonders empfindsam und mitfühlend um

173

geht. Als unser Schwiegersohn seine kieferorthopädische Ausbildung an der zahnmedizinischen Fakultät der Boston University abschloß, bat er mich, auf der Absolventenfeier ein paar Worte an seine Studienkollegen zu richten. Ich sagte ihnen: »Wenn Leute Sie fragen: ›Was machen Sie?‹, dann sagen Sie ihnen nicht: ›Ich bin Kieferorthopäde‹, oder: ›Ich setze den Leuten Zahnspangen ein.‹ Sagen Sie ihnen: ›Ich verhelfe den Leuten zu einem ansprechenden Lächeln und zu einem guten Selbstgefühl.‹ Das ist nicht nur gut fürs Geschäft, es wird Ihnen helfen, Ihre Arbeit sinnvoll und gut zu finden.«

Soviel also zu Adams »Verdammung«, dem menschlichen Impuls, uns selbst durch unsere Arbeit auszudrücken. Wie steht es mit Evas »Verdammung«, dem menschlichen Hunger nach Liebe? Wiederum hinterließ unsere Mißdeutung der Geschichte vom Garten Eden in uns eine Menge verwirrter Empfindungen hinsichtlich unserer Sexualität. Wir mißverstehen die Geschichte, wenn wir in ihr die Vorstellung entdecken, Sexualität sei mit Sünde verknüpft, sinnliche Begierde sei die Folge von Evas Ungehorsam und die Pein sexuellen Verlangens sei Gottes Strafe für das, was unsere ersten Vorfahren taten. Unsere Religionen bringen uns möglicherweise bei, unserem Körper zu mißtrauen. Unsere ersten Erfahrungen mit dem Sex – das junge Mädchen, das von einem Verwandten belästigt wird, die dreckigen Witze und groben Ausdrücke, in denen wir zuerst über Sex zu reden lernen, die peinlichen Zurückweisungen unbeholfener körperlicher Annäherung, die keinem von uns in jungen Jahren erspart bleiben – hinterlassen bei uns möglicherweise den Eindruck, Sex sei schmutzig, gefährlich oder gleichbedeutend mit Ausnutzen.

174

Aber die wahre Lektion der Geschichte vom Garten Eden unterscheidet sich erheblich von all jenen verdrehten Lektionen, von Augustinus' Zusammenstoß mit dem menschlichen Eigenwillen oder Miltons Wehklage über die Verdorbenheit von etwas Vollkommenem. Die biblische Botschaft über die Sexualität ist diese: Der Unterschied zwischen Menschen und Tieren besteht darin, daß wir, weil wir die Erkenntnis von Gut und Böse haben, eine moralische Dimension in unser Sexualverhalten einfügen. Was die Tiere angeht, so gibt es richtige und falsche Möglichkeiten der Paarung, aber nur in einem physischen Sinne. »Richtig« bedeutet, daß im jeweiligen Fall die Geburt gesunder Nachkommen mit größerer Wahrscheinlichkeit erfolgen wird. Was die Menschen angeht, so sind die richtigen und falschen Möglichkeiten, die eigenen sexuellen Bedürfnisse zu befriedigen, weitaus komplizierter. Es gibt ausschlaggebende Faktoren – Lüge und Loyalität, Eifersucht und tyrannischer Besitzanspruch, Empfindsamkeit und fürsorgliche Zuwendung –, die den Grundfaktor Fortpflanzung völlig überdecken.

Robert Wright will uns in seinem klugen Buch *Das moralische Tier* davon überzeugen, daß vieles, was wir als frei gewähltes, auf unseren Werten beruhendes Sexualverhalten betrachten, in Wirklichkeit durch unser genetisches Erbe bedingt ist. Wir ähneln den Tieren mehr, als wir vielleicht gerne annehmen. Bei den Menschen wie auch bei den Tieren suchen die Männchen nach Weibchen, die ihnen voraussichtlich viele gesunde Kinder schenken werden (denken Sie an jene biblischen Geschichten, in denen Unfruchtbarkeit als das Schlimmste gilt, was einer Frau passieren kann), und Weibchen werden nur ein Männchen als Geschlechtspartner akzeptieren, das allem An-

175

schein nach gewillt und fähig ist, verfügbar zu bleiben und zu helfen, diese Kinder großzuziehen und zu beschützen. Bei Menschen und anderen Spezies ist es für Männchen von großer Bedeutung, daß die Kinder, für die sie sorgen, biologisch die ihren sind. Das sind keine moralischen Werte, wie Wright nachdrücklich betont. Das sind die blinden Bestrebungen unserer DNS[26], sich identisch zu reproduzieren und ihren Fortbestand zu sichern.

Ich glaube, daß an Wrights Argumenten viel Wahres ist. Jedesmal, wenn ich einen reichen älteren Mann mit einer attraktiven jungen Frau sehe, häufig in zweiter Ehe (was mich an den zynischen Aphorismus erinnert: »So mancher Mann verdankt seinen Erfolg seiner ersten Frau, und seine zweite Frau verdankt er seinem Erfolg«), jedesmal, wenn ich davon lese, daß ein Kind vom neuen Freund der Mutter mißbraucht wurde, der nicht der Vater des Kindes ist, sehe ich Wrights biologischen Determinismus am Werk.

Aber Biologie ist nicht alles. Menschliche Wesen sind Tiere, doch wir sind Tiere, die nach dem Bilde Gottes gestaltet sind. Ich habe Ehemänner und Ehefrauen gekannt, die nicht aufgehört haben, einander zu lieben, die einander noch zärtlicher geliebt haben, nachdem sich herausgestellt hatte, daß einer von ihnen unfruchtbar war. Mir sind viele, viele Fälle von Eltern bekannt, die ein adoptiertes Kind liebten, mit dem sie kein biologisches Band verknüpfte, und dadurch ihren menschlichen Impuls, ein Kind großzuziehen, bekundeten, nicht ihren biologischen Impuls, ihrem genetischen Material zur Unsterblichkeit zu verhelfen. Was uns im Grunde menschlich macht, ist unsere Fähigkeit, dem biologischen Erbe, das wir mit anderen Spezies gemeinsam ha-

176

ben, eine Schicht Sittlichkeit aufzuerlegen. Und dafür können wir Adam und Eva danken.

Evas »Verdammung« bestand nicht nur darin, daß Niederkunft und Mutterpflichten schmerzhaft sein würden, sondern auch darin, daß das sexuelle Sich-hingezogen-Fühlen schmerzhaft sein würde. Es ist etwas Unheimliches, jemanden zu lieben, es zuzulassen, daß man jemanden *braucht*, um sich voll verwirklicht zu fühlen. Man wird dann so anfällig dafür, verletzt zu werden, wenn die betreffende Person einen verläßt, wenn er oder sie einen ablehnt oder wenn er oder sie stirbt. Infolgedessen haben viele Menschen Angst zu lieben, weil es sie verwundbar macht. Barbra Streisand mag singen: »Menschen, die Menschen brauchen, sind die glücklichsten Menschen der Welt«, aber viele ihrer Zuhörer scheinen in der Annahme zu handeln, daß Menschen, die *keine* anderen Menschen brauchen, die Glücklichen sind. Auf diese Weise kann uns nie jemand verletzen, indem er uns verläßt.

Vor einigen Jahren besuchte mich ein junges Brautpaar in meinem Arbeitszimmer. Sie sollten diesen Sommer in meiner Synagoge getraut werden, und sie wollten mich kennenlernen und die jüdische Trauung mit mir besprechen. An einem bestimmten Punkt sagte der junge Mann: »Rabbi Kushner, wären Sie bereit, *eine* kleine Änderung in der Zeremonie vorzunehmen? Könnten Sie uns, statt uns für Mann und Frau zu erklären, ›bis der Tod uns scheidet‹, für Mann und Frau erklären, solange unsere Liebe hält? Wir haben uns darüber unterhalten, und wir sind beide der Meinung: Sollte es jemals so weit kommen, daß wir einander nicht mehr lieben, wäre es nicht richtig, wenn wir weiter aneinander festklebten.«

Ich entgegnete ihm, es tue mir leid, aber ich könne diese Verän-

177

derung nicht vornehmen. Ich sagte zu dem Brautpaar: »Ich kann mir in etwa denken, wovon Sie ausgehen. Möglicherweise hat sich Ihnen die Ehe Ihrer Eltern als warnendes Beispiel eingeprägt, während Sie heranwuchsen und die Langeweile und den Groll miterlebt haben, ja vielleicht miterlebt haben, wie sie sich schließlich verbittert haben scheiden lassen. Und Sie haben sich geschworen, daß es bei Ihnen nie dahin kommen würde. Möglicherweise gab es in Ihrem Freundeskreis jemanden, der oder die jemandem vertraut hat und von der oder dem Betreffenden tief verletzt wurde; oder vielleicht wurden Sie von jemandem verletzt, dem oder der Sie Ihr Herz geschenkt haben. Und Sie haben beschlossen, Sie würden nie mehr jemanden so nah an sich heranlassen, daß er oder sie Ihnen noch einmal derart weh tun könnte. Aber was ich heraushöre, ist, daß Sie beide Angst davor haben, sich dieser Ehe ganz hinzugeben; Sie befürchten, daß es zu weh tun wird, wenn sie nicht gutgeht. Also schränken Sie ein, was Sie in sie investieren, um Ihre eventuellen Verluste möglichst gering zu halten. Sie suchen nach Intimität ohne Dauer, Nähe ohne wirkliche Verpflichtung, und solange Sie das tun, werden Sie nie erfahren, mit welchen Gefühlen wahre Intimität und wirkliche Verpflichtung verbunden sind.«

Muß es denn so schwer sein? Muß die Suche nach Liebe so viele gebrochene Herzen, so viel Zwang und Ablehnung mit einschließen? Manchmal denke ich, wir wären besser beraten, zu einer Welt fest vereinbarter Ehen zurückzukehren, bis ich innehalte und darüber nachdenke, mit wem mich wohl meine Eltern hätten verheiraten wollen und wie oft es bei Menschen, die meiner Meinung nach »füreinander geschaffen« waren, nie gefunkt hat, wenn es mir gelungen war, sie einander vorzustellen.

178

Es mag sein, daß wir bei der Suche nach Liebe wie in so vielen anderen Lebensbereichen auch den Leuten keinen Gefallen damit tun, wenn wir den Schmerz ausblenden und ihnen das Leben erleichtern. Möglicherweise müssen wir die Erfahrung des Ablehnens und Abgelehntwerdens durchmachen, um voll und ganz beurteilen zu können, was für ein Wunder es ist, wenn man akzeptiert wird. Der Psychiater Willard Gaylin schreibt: »Wir alle müssen selbstsüchtig handeln, um Nächstenliebe zu lernen, müssen lügen, um Aufrichtigkeit zu lernen, müssen verraten und verraten werden, um Vertrauen und Verpflichtung schätzen zu lernen.«

Weil es so weh tut, wenn die Liebe zerbricht, weil es so viel schmerzlicher ist, wenn wir eine Person verlieren, die ein Teil von uns geworden ist – sei es nun, daß wir sie an den Tod verlieren oder dadurch, daß sie uns ablehnt –, als jemanden zu verlieren, den wir bloß gern haben, unterweisen uns einige Philosophen und einige religiöse Lehrer darin, uns gegen Schmerz zu schützen, indem wir es nicht dahin kommen lassen, daß wir an irgend etwas Vergänglichem allzusehr hängen. Liebe deinen Beruf zu sehr, und du wirst zutiefst beunruhigt sein, falls du ihn verlierst. Liebe dein Lieblingskleid zu sehr, und du wirst durchdrehen, wenn es in der Reinigung ruiniert wird. Liebe dein Kind zu sehr, und du gibst dem Kind eine gefährliche Waffe, mit der es dich letztlich in der Hand hat. Rationiert eure Liebe, beschränkt eure Zuwendung, sagen sie uns, und ihr werdet nie unter dem Schmerz leiden, den Gott für Eva und ihre Töchter voraussagte.

Warum beharren wir trotz der Risiken darauf zu lieben? Hunde begatten sich, weil sie von instinktiver Gier in wilden Taumel versetzt werden. Wir Menschen suchen nach Liebe, nicht, weil

179

wir von sinnlicher Begierde geblendet sind, und nicht, weil Gott uns zu Qual verdammt hat, sondern weil es einen Teil von uns gibt, der sich an den Mythos »erinnert«, daß einst, vor langer Zeit, jeder von uns nicht ein gesondertes Einzelwesen, sondern Bestandteil von etwas Größerem war. Wir kommen uns unvollständig vor, bis wir jene andere Person finden, die unsere Ganzheit wiederherstellt, die uns zeigt, wie wir der Einsamkeit des Daseins eines auf sich gestellten Einzelwesens entrinnen können, indem wir uns mit jemandem verbinden, um »ein Fleisch« zu werden. Ob das schmerzhaft ist? Ja, selbst in ihrer befriedigendsten Form kann Liebe schmerzhaft sein und uns anfällig dafür machen, daß wir verletzt werden. Eine Strafe? Ich bleibe dabei, daß sie das nicht ist.

Schwieriger ist es, dem dritten Element der von Gott an Adam und Eva gerichteten Verfügung positive Aspekte abzugewinnen. Können wir denn den Tod in irgendeinem Sinne als gut bezeichnen? Einige Religionen versuchen, den Schmerz zu lindern, indem sie die Wirklichkeit oder die Endgültigkeit des Todes bestreiten. Wir sterben nicht wirklich, sagen sie uns. Wir siedeln bloß in eine andere Welt um, wo wir mit unseren Lieben, die uns dorthin vorausgegangen sind, wiedervereinigt werden. Der Tod ist ein »Absolvieren«, ein Hintersichlassen der Frustrationen und Verwundbarkeiten dieser Welt, eine Befreiung von leiblichen Begierden und Beschränkungen. Manche religiöse Lehrer versprechen uns, daß wir wieder leben werden, nachdem wir gestorben sind, so wie wir andere Leben vor diesem gelebt haben. Der Tod währt nicht für immer. Das Christentum bietet uns am Ende der biblischen Geschichte das Kreuz an, als eine Entsprechung zum Baum des Lebens am Anfang; es gibt den Nachkommen

180

Adams zurück, was wir wegen dessen falschen Betragens entbehren mußten. Die jüdische Liturgie spricht von der Thora[27] als einem Baum des Lebens, der in uns die Keime der Unsterblichkeit pflanzt. Überlebende von Nahtoderfahrungen werden zitiert, um uns zu beruhigen, daß das Sterben nicht schmerzhaft sein wird. Es wird eine warme, wohltuende Erfahrung sein. Aber ich habe zu viele Menschen an den Tod verloren, und sie fehlen mir zu sehr, als daß ich mich dazu durchringen könnte zu sagen, der Tod sei in irgendeiner Hinsicht gut oder harmlos. Der Tod ist schrecklich, zertrümmernd und endgültig.

Ich nahm einmal an einer Konferenz von Sterbehospizarbeitern teil, wunderbaren, hingebungsvollen Menschen, die am Bett der im Endstadium befindlichen unheilbar Kranken sitzen und den Prozeß des Sterbens weniger einsam und weniger schreckenerregend machen. *Eine* Rednerin wies ihre Zuhörer warnend darauf hin, daß es gefährlich es sei, Ausdrücke wie »Todesbewältigung« zu gebrauchen; sie sagte: »Wir gelangen zu der Überzeugung, daß wir den Tod ›bewältigen‹ können, und im Lauf der Zeit vergessen wir, was für eine furchtbare, chaotische Gewalt der Tod ist. Der Tod läßt sich nicht ›bewältigen‹, man kann ihn nur erdulden und aushalten.«

Aber dadurch, daß sie vom Baum der Erkenntnis aßen, waren Adam und Eva nicht zum Sterben verurteilt. Tiere sterben. Es verlieh ihnen die *Erkenntnis*, daß sie eines Tages sterben würden, und ebendieses Bewußtsein macht, mehr als die Todeserfahrung selbst, die einzigartige Belastung eines Menschen aus.

Ich will nicht behaupten, es sei etwas Gutes, daß man stirbt oder daß jemand stirbt, der einem nahesteht, obwohl es meiner Vermutung nach unerträglich wäre, immerfort zu leben, ohne je zu

181

sterben. In einem Kapitel von Swifts *Gullivers Reisen* trifft Gulliver auf eine Handvoll Menschen, die dazu bestimmt sind, nie zu sterben, und sie sind die bemitleidenswertesten aller Geschöpfe. Aber kann das *Bewußtsein*, daß wir sterblich sind, so schmerzhaft und beängstigend diese klare Gewißheit auch sein mag, unser Leben in irgendeinem Sinne reicher und noch spezifischer menschlich machen?

Das erste, was wir tun müssen, ist: uns von der Vorstellung befreien, der Tod sei eine Strafe. Die Menschheit wurde nicht dazu verurteilt zu sterben, weil alle Menschen zwangsläufig sündigen, und Einzelpersonen (ausgenommen Verbrecher, die nach geltendem Gesetz hingerichtet werden) sterben nicht zur Strafe dafür, daß sie gesündigt haben. Weil wir so sehr wollen, daß unsere Welt noch im kleinsten Detail einen Sinn ergibt, sind wir versucht, auf den Tod oder das Mißgeschick eines anderen mit den Worten zu reagieren: »Es muß einen guten Grund geben, weshalb Gott ihm das zugefügt hat.« Und wir sind versucht, auf unsere eigenen Mißgeschicke und unsere eigenen lebensbedrohenden Krankheiten mit der Frage zu reagieren: »Womit habe ich das verdient?« Aus irgendeinem Grund fühlen wir uns besser, wenn wir eine von uns begangene Handlung erkennen können, die so schrecklich war, daß sie eine solche Bestrafung verdiente. Das stellt unseren Glauben wieder her, daß die Welt einen Sinn ergibt. Aber aller Wahrscheinlichkeit nach haben Sie nichts getan, aufgrund dessen Sie Unglück oder schlechte Gesundheit auch verdient haben. Die unabwendbare Wahrheit ist, daß Menschen krank werden, die es nicht verdient haben, krank zu sein, und daß Menschen sterben, die es nicht verdient haben, zu sterben. Man braucht kein Sünder zu sein, um zu sterben. In Dostojewskis

182

Roman *Die Brüder Karamasow* gibt es eine Episode, in der ein innig geliebter alter religiöser Führer stirbt. Die abergläubischen russischen Kleinbauern glauben, daß sein Körper nach dem Tode nicht verfallen wird, weil der Mann ja ein Heiliger war. Als er ein oder zwei Tage später zu verwesen beginnt, stehen sie vor einem Rätsel. Anstatt zu folgern, daß der Tod guten Menschen und schlechten Menschen gleichermaßen widerfährt, beginnen sie sich zu fragen, ob eigentlich der alte Mann wirklich so heilig gewesen sei.

Ich verstehe nicht, warum so viele Menschen nur ungern der Wahrheit ins Auge blicken, daß Krankheit und Tod keine Strafe für Missetaten sind. Diese richtige Perspektive befreit uns dazu, die Sterbenden und ihre Angehörigen zu trösten, ohne in irgendeiner Weise das Gefühl zu haben, daß wir jemandem Hilfe leisten und Trost spenden, den Gott bestrafen will. Sie befreit uns von der unrealistischen Idee, wir würden, wenn wir genügend vollkommen sein könnten, gegen Krankheit und Tod gefeit sein, weil derartiges nur Menschen passiere, die es verdient haben. Und sie bewahrt uns vor Verzweiflung und dem Enttäuschtsein von uns selbst und davor, einen Zusammenhang festzustellen zwischen der Tatsache, daß wir zwangsläufig nicht vollkommen sind, und den Anzeichen von Alter und Verfall, die wir an unserem Körper entdecken, während wir älter werden.

Ein Bewußtsein von unserer Sterblichkeit bewirkt, daß wir das Leben ernster nehmen. Albert Schweitzer schrieb einmal: »Wir müssen uns alle mit dem Gedanken des Todes vertraut machen, wenn wir uns zu wirklich guten Menschen entwickeln wollen ... Das Nachdenken über den Tod ruft Liebe zum Leben hervor.« Die Zeit ist kostbar, weil wir wissen, daß wir nur einen begrenzten Vorrat davon haben und es für uns keinerlei Möglichkeit gibt, noch mehr davon zu kaufen. Junge Menschen können sorglos und unbefangen Zeit vergeuden und sich in ihrem ungeduldigen Verlangen nach dem nächsten Meilenstein in ihrem Leben wünschen, die Zeit verginge schneller, denn sie nehmen ja an, daß sie einen unerschöpflichen Vorrat davon haben. Junge Männer geben die besten Soldaten und die schlechtesten Fahrer ab, weil sie sich nicht vorzustellen vermögen, sie könnten sterben. Aber man hat mich oft darum gebeten, mit Highschoolschülern zu sprechen, nachdem ein Klassenkamerad/eine Klassenkameradin bei einem Autounfall ums Leben gekommen war (oder in *einem* Fall nach einer Überdosis Rauschgift), und ich habe miterlebt, wie sie sich durch den Schmerz, die Wut und die Verwirrung hindurcharbeiteten, um sich der unangenehmen Botschaft ihrer eigenen Verwundbarkeit zu stellen. Junge Menschen, die diese Erfahrung hinter sich haben, werden die Zeit oder das Leben nie mehr als etwas Selbstverständliches betrachten. Sie werden sie anders nutzen, nachdem sie miterlebt haben, wie leicht man sie verlieren kann.

Das Bewußtsein, daß unsere Jahre begrenzt sind, gibt unseren jeweiligen Entscheidungen oder Beschlüssen Gewicht. Wenn wir alle Zeit der Welt hätten, wenn wir tatsächlich für immer leben könnten, dann würde es nicht so sehr ins Gewicht fallen, was wir zu tun beschließen. Was wir heute nicht in die Tat umsetzten, was uns heute danebenginge, dazu würden wir schon noch irgendwann kommen und es dann hinkriegen. In Homers *Odyssee* beneidet die Meeresgöttin Kalypso Odysseus und andere Menschen genau deswegen, weil sie sterblich sind. Jedes Beschlußfassen oder Treffen einer Entscheidung ist ein mutiger Akt: Wir

184

schließen durch ihn jeweils die Dinge aus, die wir nie tun werden, weil ja die Zeit für die Verwirklichung von allem und jedem nicht reichen wird.

Dieses Bewußtsein unserer Sterblichkeit gibt uns die Gelegenheit, eindeutig festzustellen, daß bestimmte Dinge – unsere Familie, unser Land, unser Glaube – für uns höchsten Wert haben, weil wir gewillt sind, unser Leben aufs Spiel zu setzen, um sie zu verteidigen, und daß daher logischerweise andere Dinge – unser Beruf, unser Besitz – weniger wertvoll sind, weil wir nicht bereit sind, für sie zu sterben. Über die Jahre hin habe ich bei vielen Gedenkgottesdiensten ein Gebet vorgelesen, das davon spricht, wie wir unser Leben mit Sinn erfüllen, indem wir es hohen und geheiligten Zielen widmen. Ich glaube das, aber ebenso glaube ich, daß es auch andersherum funktioniert. Wir feiern und verehren diese ideellen Bezugsgrößen und identifizieren sie als hoch und geheiligt, indem wir mit ihnen das Wertvollste verbinden, was wir besitzen: unser Leben. Die Jahre 1994–1995 standen im Zeichen des fünfzigsten Jahrestags von einigen der ausschlaggebenden Schlachten des Zweiten Weltkriegs. Ich hatte während dieser Monate vielfach Gelegenheit, mich mit Männern zu unterhalten, die im Alter von achtzehn oder zwanzig Jahren in diesen Schlachten gekämpft hatten und sich ein halbes Jahrhundert später an sie erinnerten. Manche von ihnen waren verwundet worden, die meisten von ihnen hatten Freunde sterben sehen, sie alle hatten Angst ausgestanden, und sie alle hatten mehrere ihrer besten Lebensjahre auf den Schlachtfeldern Europas und des Pazifiks gelassen. Aber allesamt wurden diese siebzigjährigen Männer sichtbar lebhafter und gerieten in Schwung, während sie über jene Tage redeten. Nicht der Schlamm und die Gefahr waren es, woran sie sich erinnerten. Sie erinnerten sich an die Erfahrung, daß sie für etwas genügend Interesse aufgebracht hatten, um ihr Leben aufs Spiel zu setzen für das, was ihnen lieb und teuer war. Das Hinnehmen der Tatsache, daß wir eines Tages sterben werden, sollte uns Mitgefühl mit den Älteren, den Verkrüppelten, den Gebrechlichen lehren. Weil wir in einer den Tod fürchtenden, den Tod verleugnenden Gesellschaft leben, fühlen wir uns durch jeden unangenehm berührt, der uns an unser letztendliches Schicksal, die unabwendbare Wirklichkeit des Todes, erinnert. Der Philanthrop George Soros, der bei der Eröffnungsfeier zu einem von der Columbia University durchgeführten Projekt sprach, das zum Ziel hat, den Amerikanern zu helfen, die Phänomene Tod und Kummer zu verstehen, sagte: »In Amerika, dem Land der ewig Jungen, ist Altwerden eine physiologische Störung, und Sterben hält man für ein Versagen.« Solange wir an der absurden Idee festhalten, daß wir, indem wir Gymnastik treiben und unseren Cholesterinspiegel senken, den Tod betrügen und für immer leben können, werden die Älteren, die Kranken und die Sterbenden peinliche Gefühle in uns auslösen. Sie werden unsere Illusionen von der Unsterblichkeit erschüttern. So werden wir die alten Leute in Altensiedlungen und Pflegeheimen isolieren, wo wir sie so selten wie möglich besuchen werden. Wir werden es vermeiden, die ernstlich Kranken in ihren Klinikzimmern zu besuchen. Erst wenn wir den unmöglichen und unwürdigen Traum von der Unsterblichkeit aufgeben (Chesterton[28] schrieb einmal: »Es gibt Menschen, die um das ewige Leben beten und an einem verregneten Sonntag nicht wissen, was sie mit sich anfangen sollen«), erst wenn wir lernen, das Schicksal der Alternden und der Sterbenden auch als *unser* Schicksal und nicht bloß als das ihre

186

anzusehen, werden wir fähig sein, ihr letztes Abenteuer mit ihnen zu teilen und von ihnen zu lernen, wie wir *unsere* Tage zu Ende leben können.

Das vierte der Zehn Gebote befiehlt uns, unsere Eltern zu ehren, »damit du lange lebst in dem Land, das der Herr, dein Gott, dir gibt«. Ich bin mir nicht sicher, daß Menschen, die ihre Eltern ehren, länger leben als Menschen, die dies nicht tun. Vielleicht deutet die Bibelstelle ja darauf hin, daß wir, wenn wir eine Gesellschaft gestalten, in der man die Älteren hochachtet und ernst nimmt, in der Lage sein werden, uns darauf zu freuen, selbst alt zu werden, statt uns davor zu fürchten. Wir müssen nicht über unser Alter lügen, uns die Haare färben, den plastischen Chirurgen aufsuchen, weil Altwerden eine physiologische Störung ist. Wir werden uns nicht von den Älteren fernhalten, aus Angst, wir könnten so werden wie sie. Wir werden sie verehren, da sie eine lebende Lektion verkörpern.

Wie würden Sie einen »guten Tod« definieren? Im Mittelalter war ein guter Tod ein Tod, der erst eintrat, wenn man seinen Frieden mit Gott gemacht und seine Seele auf das Jüngste Gericht vorbereitet hatte. Ebendeshalb lehnt es Hamlet ab, seinen heimtückischen Onkel beim Gebet zu töten; der Mann verdiente keinen so sauberen Tod. Heutzutage würden die meisten Menschen einen guten Tod als einen Tod definieren, der sie plötzlich und unerwartet ereilt, ohne sie zu zwingen, sich ihrem vorauszusehenden Sterben zu stellen – »eines Abends einzuschlafen und nicht mehr aufzuwachen«. (Oder sie greifen auf den alten Ausspruch zurück, ein guter Tod wäre es, bis um die Neunzig zu leben und von einem eifersüchtigen Ehemann erschossen zu werden.)

Lassen Sie mich meine eigene Definition formulieren: Ein guter

187

Tod wäre ein Tod, der nicht unvereinbar ist mit dem, worum es in Ihrem Leben ging. Er erlaubt uns, im Sterben dieselbe Person zu sein, die wir zeit unseres Lebens waren. Ich denke an drei Menschen, die ich sehr bewunderte und die nicht dieses Glück hatten, den Schriftsteller Primo Levi, den Psychologen Lawrence Kohlberg und den ehemaligen Episkopalbischof von New England, David Johnson. Levi war ein Überlebender von Auschwitz. Er schrieb danach mehrere tief bewegende Bücher über seine dortigen Erfahrungen. Jede Seite, die er schrieb, war ein Zeugnis für die Fähigkeit des Menschen, die teuflischsten Lebensumstände zu überstehen. Kohlberg, ein Professor in Harvard, leistete bahnbrechende Forschungsarbeit über die Entwicklung des Sittlichkeitsgefühls bei Kindern und Erwachsenen. Er legte das Grundmodell höchster innerer Reife vor, dem zufolge der mündige Mensch, ob Mann, ob Frau, mutig nach Grundsätzen handelt, ganz gleich, wie unbeliebt diese sein mögen. Johnson war ein innig geliebter religiöser Führer, der die Rechte der Randgruppen in der religiösen Gemeinschaft energisch verteidigte. Alle drei nahmen sich schließlich das Leben, Levi offensichtlich aus Verzweiflung über eine familiäre Situation, Kohlberg wegen der körperlichen Schmerzen einer unheilbaren Krankheit und Johnson wegen der drohenden Enthüllung irgendeines ungebührlichen Verhaltens in seinem bischöflichen Amt. Ich fälle kein Urteil über sie; ich bete, daß ich nicht in solche Situationen geraten möge wie sie am Ende ihres Lebens. Aber für mich besteht das Tragische ihres Todes nicht darin, daß ihr Leben vorzeitig abbrach, sondern daß die Art ihres Sterbens so sehr im Widerspruch zur Botschaft ihres Lebens und Werks stand, einer Botschaft des Mutes, der Hoffnung und der Vergebung. Ich fürchte, daß ihre persönliche Verzweiflungstat es den Leuten schwerer machen wird, die Wahrheiten ihrer Lehre zu akzeptieren, und das finde ich außerordentlich beklagenswert.

Vor vielen Jahren weihte mich ein älterer und weiserer Kollege in das Geheimnis ein, wie man eine Trauerrede abfaßt, die man als amtierender Geistlicher bei einer Beerdigung hält. Er sagte: »Das Leben eines jeden Menschen ist eine Geschichte, eine einzigartige Geschichte, die niemand je zuvor gelebt hat und die keiner jemals wieder leben wird. Deine Aufgabe besteht darin, diese einzigartige Geschichte zu erkennen und sie in Worte zu fassen.« Wenn wir lernen, das Leben als eine Geschichte zu betrachten, dann können wir dahin kommen, den Tod nicht als Strafe, sondern als Akzentsetzung zu betrachten. Was wir über einen Buchtext oder Film wissen wollen, ist nicht, wie lang er ist, sondern wie gut er ist, und wir können lernen, das Leben in derselben Weise zu betrachten. Ist das Leben eine Geschichte, dann verstehen wir es um so besser, je näher wir ans Ende kommen. Erst dann können wir den wirklichen Stellenwert von etwas verstehen, das weiter vorn, im zurückliegenden dritten oder vierten Kapitel, geschah. Ist das Leben eine Geschichte, dann können wir uns wünschen, sie ginge unaufhörlich weiter, aber wir sehen ein, daß selbst die beste aller Geschichten einmal enden muß. Es wäre eine seltsame Geschichte, wenn sie unaufhörlich weiterginge. Anstatt also darüber bekümmert zu sein, daß sie enden mußte, können wir uns glücklich fühlen, daß es uns vergönnt war, ein Bestandteil von ihr gewesen zu sein.

Im Kapitel 48 der Genesis steht eine kurze Passage, die mich immer gerührt hat. Der Patriarch Jakob liegt im Sterben und blickt auf sein langes und ereignisreiches Leben zurück. In einem Zeit-

189

alter, in dem die meisten Menschen nie aus dem Dorf hinausgelangten, wo sie geboren waren, hat er in drei Ländern gelebt. Er hat etliche Vermögen erworben und verloren. Aber von all dem, was ihm widerfahren ist, kommt ihm nur eines in den Sinn: daß seine geliebte Frau Rachel starb, als sie beide jung waren. Ich lese die Stelle, die davon berichtet, daß er sich an den Verlust erinnert, und füge im Geist die Worte hinzu, die Jakob meiner Vermutung nach dachte, aber nicht laut aussprach: »Rachel starb, und irgendwie habe ich ihren Tod überstanden, und seitdem habe ich jeden Tag an sie gedacht, und dieser Akt des Erinnerns hat sie in meinem Leben gehalten.«

Nur Menschen können das. Nur Menschen können den Tod besiegen, indem sie in sich die Erinnerung an jemanden, den sie geliebt und verloren haben, wachrufen und dabei empfinden, daß die betreffende Person ihnen nahe ist.

Wenn wir jung sind, nehmen wir unsere Zuflucht zur Religion, damit sie uns helfe, unseren Weg in der Welt zu finden, damit sie uns Glück und Erfolg beschere, damit sie unsere Träume in Erfüllung gehen lasse. Wenn wir das mittlere Alter erreichen, nehmen wir unsere Zuflucht zur Religion, damit sie uns innere Ruhe und Seelenfrieden gebe. Aber wenn wir alt werden, nehmen wir unsere Zuflucht zur Religion, damit sie uns helfe, den Tod zu besiegen, unseren eigenen und den der Menschen, die wir lieben. Wir beten, daß der Biopsiebefund negativ sein wird, daß der operative Eingriff erfolgreich verlaufen wird, daß die Krankheit vergehen wird. Und wenn wir widerstrebend zu dem Schluß kommen, daß Gott uns nicht unbegrenzt am Leben erhalten kann, ganz gleich, wie gut oder fromm wir sind, dann bitten wir Ihn, uns beizubringen, wie man den Tod auf andere Weise bezwingt;

190

und dazu beschenkt Er uns mit der segensreichen Gabe der Erinnerung.

Erinnerung kann schmerzhaft sein, wie alles schmerzhaft sein kann, was aus einem Menschen mehr als ein Tier macht. Gute Erinnerungen vertiefen die Schmerzlichkeit dessen, was wir verloren haben. Schlechte Erinnerungen halten den Groll am Leben, obwohl der konkrete Anlaß längst vergangen ist. Aber die Erinnerung ist das, was uns letzten Endes Macht über den Tod gibt, indem sie die betreffende Person in unserem Herzen am Leben erhält. Die Erinnerung ist das, was uns Macht über die Zeit gibt, indem sie die Vergangenheit gegenwärtig hält, so daß sie nicht verblassen und uns dessen berauben kann, was uns einmal teuer war. Und soviel uns bekannt ist, verfügen darüber nur menschliche Wesen. In gewissem Sinne ist unsere Zeit auf Erden begrenzt, aber in einem anderen Sinn ist sie es nicht. Wir haben nicht nur den heutigen Tag; wir haben all die gestrigen Tage, deren wir uns zu erinnern vermögen, und all die morgigen Tage, die wir uns ausmalen können.

Kapitel acht

Wie gut müssen

wir sein?

Wir machen uns auf den Weg, wenn wir jung sind, und geben uns so große Mühe, vollkommen zu sein, weil wir unsere Eltern erfreuen wollen und weil wir schreckliche Angst davor haben, ihre Liebe dadurch zu verlieren, daß wir etwas Unrechtes tun. Gelegentlich tragen Eltern, verunsichert und unerfahren, durch irgendein Verhalten dazu bei, diese Angst noch zu verstärken. Aber wenn wir Glück haben, verzeihen sie uns fast immer und vermitteln uns die beruhigende Gewißheit, daß ihre Liebe beständig ist.

Wir verlieben uns und stellen uns vor, die von uns geliebte Person sei vollkommen, weil wir dadurch so glänzend dastehen würden, wenn sie oder er es wäre. Und dann, wenn wir zwangsläufig negative Züge an unserem Ehepartner entdecken und er oder sie negative Züge an uns entdeckt, müssen wir die Kraft der Vergebung aufbieten, um die Ehe aufrechtzuerhalten, und entschließen uns dazu, lieber glücklich als moralisch im Recht zu sein.

Möglicherweise hat man uns beigebracht, daß Gott jede unserer Handlungen sieht und jeden unserer heimlichen Gedanken liest, und wir waren uns sicher, daß Er von uns enttäuscht war. Möglicherweise hat uns die Geschichte von Adam und Eva nicht mehr losgelassen, und wir dachten im stillen: »Wenn Gott das Menschen angetan hat, die *eine* kleine Sünde begingen, welche Strafen hat Er dann für mich auf Lager, für all die Dinge, die ich falsch gemacht habe?« Aber wir können dahin kommen, Gott als einen Gott der Vergebung anzusehen, der unsere menschliche Natur als eine Mischung aus dem Tierischen und dem Göttlichen begreift. Da wir in unserer Erkenntnis von Gut und Böse Gott ähnlich sind, versuchen wir, uns emporzuschwingen, aber unsere tierische Natur zieht uns ständig hinunter, hält uns in Erdgebundenheit. Wir streben empor, und wir straucheln, und Gott liebt uns in unserem Streben und unserem Straucheln.

Die letzten den Garten Eden betreffenden Worte der Bibel teilen uns mit, daß Gott am Eingang zum Garten einen Engel mit einem Flammenschwert aufstellte (Genesis 3, 24), damit Adam und Eva nie mehr zurückkehren und vom Baum des Lebens essen könnten. Aber von Zeit zu Zeit versuchen ihre Nachkommen tatsächlich, nach Eden zurückzukehren.

Manchmal versuchen Menschen, Eden wiederzugewinnen, indem sie ein Utopia gründen, eine vollkommene Gesellschaftsform, in der es keine Armut, kein Verbrechen, keinen Neid geben wird. Derartige Sozialgemeinschaften schossen im 19. Jahrhundert im amerikanischen Mittelwesten aus dem Boden. Eine solche Vision inspirierte einige Führer der französischen und der russischen Revolution. Martin Buber begrüßte begeistert den israelischen Kibbuz, das freiwillige landwirtschaftliche Kollektiv, in

194

dem es kein Privateigentum gibt, weil man intensiv bemüht ist, den Egoismus aus den ökonomischen Bemühungen zu entfernen. Aber zwangsläufig entdecken solche Gesellschaften, daß Menschen nicht dazu bestimmt sind, Vollkommenes zu schaffen. Es treten unweigerlich menschliche Schwächen auf und vereiteln das utopische Bemühen. (Dabei erinnere ich mich an die Gewohnheit von Kunsthandwerkern der Inuit[29] in Alaska: Sie bauen in ihre Web- und Bildhauerarbeiten absichtlich einen Fehler ein, um so Gott nicht durch den Versuch zu beleidigen, etwas Vollkommenes zu gestalten.)

Bei anderen Anlässen sind die Menschen bestrebt, den Garten Eden wiederzuerschaffen, indem sie zeitweilig zu einem Stadium zurückgehen, in dem wir den Unterschied zwischen Gut und Böse, zwischen Recht und Unrecht noch nicht kannten, einem Stadium, in dem wir uns wie Kinder, wie Tiere benehmen konnten und das taten, wozu wir gerade Lust hatten, und man uns für unsere Handlungen nicht verantwortlich machte, weil man nicht erwarten konnte, daß wir wüßten, daß sie unrecht sind. Die vor der Fastenzeit stattfindenden Karnevalsfeiern in Brasilien und andernorts, bei denen die normalen Bekleidungs- und Verhaltensregeln zeitweilig aufgehoben sind, oder das orgiastische Treiben nackter, berauschter junger Leute in Woodstock in den sechziger Jahren dieses Jahrhunderts sind Beispiele für das Bestreben, nach Eden zurückzugehen, zu einer Welt, in der Adam und Eva ohne Scham nackt sein konnten und ihr Verhalten nicht durch irgendwelche Regeln hinsichtlich dessen, was »erlaubt« und was »verboten« ist, beeinflußt wurde. Weitere Beispiele sind die traditionelle Weihnachtsparty im Büro, die Feiern, wenn die heimische Mannschaft eine Meisterschaft gewinnt, und andere Anlässe, bei

195

denen die Menschen die stillschweigende Erlaubnis haben, sich zu betrinken und verantwortungslos zu handeln. Menschen wollen, daß man sie als moralische Wesen zur Rechenschaft zieht. Wir wollen nicht wie kleine Kinder behandelt werden oder wie schwachsinnige Menschen, die nicht begreifen, was sie tun, sondern vielmehr als für unsere Handlungen verantwortlich gelten. Aber von Zeit zu Zeit scheuern und beengen die Gewänder der Sittlichkeit, und wir wollen sie abwerfen. (Omar Chajjam[30] schrieb: »Komm, füll den Kelch, und in des Frühlings Brand / wirf du der Reue winterlich Gewand.«) Wir nehmen es Adam und Eva übel, daß sie überhaupt die verbotene Frucht gegessen und uns ein Wissen um Recht und Unrecht vererbt haben.

Aber es gibt kein Zurückgehen nach Eden, wie die Bibel uns warnend zu bedenken gibt. Wir *sind* menschliche Wesen, gesegnet und belastet mit einem Gewissen, und wir können nicht so tun, als seien wir Kinder, ganz gleich, wieviel Spaß das möglicherweise machen würde.

In Steinbecks *Jenseits von Eden* gibt es eine Schlüsselpassage (in meiner Ausgabe steht sie genau in der Mitte des Buches und wird auf der allerletzten Seite nochmals aufgegriffen), in der Mister Lee, der chinesische Koch, der der moralische Rettungsanker des Buches ist, eine faszinierende Geschichte erzählt: wie er sich vier älteren chinesischen Herren anschloß und gemeinsam mit ihnen zwei Jahre lang Hebräisch lernte, damit sie *einen* Vers in der Bibel richtig verstehen könnten. Es war ihnen wichtig, den genauen Sinn der Worte zu erfassen, die Gott zu Kain sagte. Sagte Gott: »Die Sünde lauert an der Tür, aber *du wirst*[31] herrschen über sie«, wie in der King-James-Version?[32] Sagte Gott: »*Du herrsche* über sie«, wie es in der American-Standard-Ausgabe der Bibel lau-

196

tet?[33] Nach zwei Jahren kamen sie zu der Überzeugung, daß beide Übersetzungen falsch seien. Die wahre Bedeutung von Gottes Wort *timschal* sei: »*Du magst* über sie herrschen.« Und Mr. Lee fährt fort: »Merken Sie das denn nicht? Die amerikanische Standardfassung *befiehlt* den Menschen, über die Sünde den Sieg zu erringen. Die King-James-Übersetzung gibt ein *Versprechen* in dem ›du wirst‹. Aber das althebräische Wort – mit seinem Wortsinn ›du magst‹, ›du kannst‹ – läßt uns eine *Wahl*. Vielleicht ist es das wichtigste Wort in der Bibel!«

Das ist eine wundervolle Geschichte – vier ältere Chinesen, die Hebräisch lernen, die mit chinesischer Tusche hebräische Schriftzeichen mit einem Pinsel schreiben –, und sie ist entscheidend für Steinbecks zentrales Anliegen beim Schreiben von *Jenseits von Eden*. Aber ich lerne nun seit fünfzig Jahren biblisches Hebräisch, ich habe meinen Doktor in biblischem Hebräisch gemacht, und ich kann noch immer nicht mit eindeutiger Sicherheit sagen, was *timschal* und viele andere Schlüsselwörter der Bibel bedeuten. Keiner kann das. Wir können nur die uns bestmögliche Vermutung anstellen, die zwangsläufig durch unsere theologischen Vorurteile gefärbt ist. Viele biblische Verse sind wie Klecksographietests und enthüllen mehr über uns als über die betreffende Textstelle.

Aber was wichtiger ist: *Timschal* ist das falsche Wort, wenn wir wissen wollen, was Gott von uns erwartet (obwohl es das richtige Wort für Steinbecks erzählerische Absichten ist). Mein Kandidat für das wichtigste einzelne Wort in der Bibel steht in Genesis 17, 1, wo Gott zu Abraham sagt: »Gehe deinen Weg vor mir, und sei *tamim*.« Was bedeutet dieses Wort? Die King-James-Bibel übersetzt es mit »vollkommen«; nach der Lesart der verbesserten

Standard-Ausgabe[34] bedeutet es »untadelig«. Wenn ihre Auslegung zutrifft, dann würde Gott tatsächlich erwarten, daß wir vollkommen sind, also immer das Rechte tun und niemals sündigen. (Dasselbe Wort, *tamim*, wird an anderer Stelle in der Bibel verwendet, um ein Tier zu charakterisieren, das sich zur Opferung auf Gottes Altar eignet, weil es keinen Makel aufweist.)

Aber neuere Übersetzungen sind aus linguistischen und gleichermaßen theologischen Gründen von der Vorstellung abgerückt, Gott verlange, daß Abraham (und wir) vollkommen und mit keinerlei Mangel behaftet sind. Die zu Gottes Altar gebrachten Tiere müssen ja möglicherweise vollkommen und makellos sein, aber von den sie heranbringenden Menschen kann man das nicht erwarten. Nach der Auffassung zeitgenössischer Gelehrter bedeutet das Wort *tamim* so etwas wie »ernsthaft und hingebungsvoll«.[35] Aufgrund meiner eigenen Untersuchung des Verses komme ich zu dem Schluß, daß das, was Gott von Abraham, und daher logischerweise auch von uns, will, nicht Vollkommenheit ist, sondern innere Einheit. Gott möchte, daß Abraham sich bemüht, seinem innersten Wesenskern getreu zu sein, auch wenn er gelegentlich von diesem Wesenskern abirrt. Wie es der volkstümliche Ausspruch formuliert: »Viel bin ich nicht, o Herr, aber alles, was ich hab'«. Oder wie Mutter Teresa einmal in einem Interview sagte: »Wir sind nicht hier, um erfolgreich zu sein; wir sind hier, um treu zu sein«, was nach meiner Auffassung doch wohl bedeutet: sowohl dem, was wir im Innersten sind, als auch Gott treu.

Gott kennt uns allzu gut, um Vollkommenheit von uns zu verlangen. Warum sollte uns Gott auf das Versagen hin anlegen wollen, indem Er Anforderungen stellt, denen keiner von uns genügen könnte? Eine der merkwürdigsten Passagen in der gesamten

198

Heiligen Schrift steht im 19. Kapitel des 4. Buchs Mosis. Wenn eine Person sich durch irgend etwas Unrechtes verunreinigt fühlt, das sie begangen hat, und sich nicht würdig fühlt, vor Gott hinzutreten, dann kann diese Person sich reinigen und läutern, indem sie sich dem Ritual der Roten Färse[36] unterzieht. Eine Kuh mit völlig rotem Fell, ohne ein einziges verfärbtes Haar, wird geopfert, und aus ihrer Asche wird eine breiige Masse hergestellt, mit der man die betreffende Person bestreicht, um sie zu läutern. Selbst im Kontext der Tieropfer, von denen die Bibel mehrfach berichtet, ist das Ritual der Roten Färse sehr merkwürdig. Ich verstand es nie, bis ein Kollege diese Theorie vorbrachte: Die Rote Färse, das Tier ohne einen einzigen Makel, ohne eine einzige Verfärbung, stellt die Vollkommenheit dar. Es wird geschlachtet, um die Ansicht zu bekräftigen, daß Vollkommenheit in dieser Welt keinen Platz hat. Vollkommene Geschöpfe gehören in den Himmel, nicht auf die Erde. Diese Welt ist für diejenigen unter uns, die sich mit den eigenen Unvollkommenheiten herumschlagen.

Vor einigen Jahren machten meine Frau und ich eine Reise durch Mexiko. Wir besichtigten die Ruinen von einstmals mächtigen Aztekenstädten, und unser Führer versuchte, uns die Bedeutung des Ballspielplatzes, eines herausragenden Merkmals von jedem der jahrhundertealten Areale, zu erläutern. (Während er dies tat, stellte ich mir vor, wie Archäologen der Zukunft versuchen, ihren Zeitgenossen die Bedeutung der von uns erbauten Baseball- und Fußballstadien zu erläutern.) Das Ballspiel war in der aztekischen Kultur mehr als eine sportliche Disziplin. Es war ein Wettkampf mit religiös-rituellem Sinn. Einigen Aufzeichnungen zufolge wurde am Ende des Spiels die Verlierermannschaft den Göttern geopfert (was, wie ich mir vorstellen kann, heutzutage viele Fans gern tun würden, wenn ihre Mannschaft verliert). Aber anderen Aufzeichnungen zufolge war es die Siegermannschaft, die geopfert wurde! Und wenn das zuträfe, dann drängte sich mir doch die Frage auf, ob es in der menschlichen Seele etwas gibt, das Sieger vernichten möchte, um so auf unsere Weise auszudrücken, was die Israeliten letztlich mit der Opferung der Roten Färse zum Ausdruck brachten: daß Vollkommenheit ausschließlich in den Himmel gehört; daß diese Welt fehlerbehafteten, unvollkommenen Menschen wie uns vorbehalten ist.

Der israelische Schriftsteller Samuel Josef Agnon, der 1966 den Nobelpreis für Literatur erhielt, erlangte ersten Ruhm mit seinem Kurzroman *Und das Krumme wird gerade,** der 1912 auf Hebräisch erschien und bedauerlicherweise nie ins Englische übersetzt wurde. *Und das Krumme wird gerade* ist die Geschichte eines einfachen, anständigen Mannes namens Menasche. Er kann von den Erträgen, die sein Lebensmittelladen abwirft, nicht leben, weil er zu gütig ist, um von Leuten Geld zu verlangen, die nicht bezahlen können, und zu anständig, um der Taktik seiner rücksichtslosen Konkurrenten gewachsen zu sein. Er muß seinen Laden schließen und hat keine andere Wahl, als bettelnd von Ortschaft zu Ortschaft zu ziehen. Der Rabbiner seines Dorfes gibt ihm einen Brief, der die Tatsache bezeugt, daß er ein guter und ehrlicher Mann ist und Hilfe verdient.

Menasche bringt ein Jahr almosensammelnd auf der Straße zu. Mit Hilfe des Briefs von dem Rabbiner kassiert er genug Geld, um heimzukehren und ein neues Geschäft zu gründen. An seinem

* 1919 und 1934 in deutscher Übersetzung erschienen.

200

letzten Abend, bevor er sich auf den Rückweg nach Hause macht, lernt er in dem Wirtshaus, in dem er übernachtet, einen Mann kennen, der in jeder Hinsicht sein genaues Gegenteil ist – ein Dieb, ein Lügner und ein Verschwörer. Der Dieb sieht Menasches Brief und sagt: »Wenn ich so einen Brief hätte, könnte ich in besten Verhältnissen leben.« Er bietet Menasche eine beträchtliche Geldsumme für den Verkauf des Briefes an, den er doch im Grunde nicht mehr brauche. Menasche wird von dem Geld verlockt und verkauft den Brief. Mit mehr Geld, als er je zuvor besaß, geht Menasche in die Stadt, um sein Glück zu feiern. Dort betrinkt er sich, und man raubt ihm alles, was er hat selbst seinen Gebetsmantel. Da ihm sogar das Geld zur Heimreise fehlt, muß er ganz von vorn beginnen und wieder um Almosen bitten.

Inzwischen wird der Dieb von Straßenräubern überfallen und umgebracht und sein Körper dabei bis zur Unkenntlichkeit verstümmelt. Als man die Leiche entdeckt, mit Menasches Brief in einer Tasche, gibt man Menasches Dorfgemeinschaft Nachricht, daß er gestorben sei. Der Rabbiner verkündet, daß sein Tod zwar nur durch Indizien bewiesen sei, es aber unmenschlich wäre, seine Frau unbegrenzt im ungewissen zu lassen, und erklärt sie zur Witwe, der es freistehe, wieder zu heiraten. Mehrere Monate später heiratet sie wieder, und ein Jahr darauf bringt sie einen Sohn zur Welt.

Inzwischen hat sich der wirkliche Menasche mühsam nach Hause durchgeschlagen. Er trifft in seinem Heimatort an dem Tag ein, an dem seine Frau und ihr neuer Mann die rituelle Beschneidung ihres Kindes feiern. Er steht jetzt vor einem schrecklichen Dilemma. Wenn er behauptet, daß er selbst lebt, wird man feststellen, daß seine Frau – wie unabsichtlich auch immer – eine Ehebreche-

201

rin ist, und ihr Kind als illegitim brandmarken, als einen Ausgestoßenen in der jüdischen Gemeinde. Das kann er jemandem, den er liebt, nicht antun. Statt dessen beschließt er, außerhalb des Ortes, auf dem Friedhof, zu hausen. Er erzählt seine traurige Geschichte dem Friedhofsaufseher, der Mitleid mit ihm hat, sein Geheimnis bewahrt und ihm Nahrung bringt. Kurz danach stirbt Menasche, und der Aufseher begräbt ihn bei dem Gedenkstein, den seine Frau zwei Jahre zuvor für ihn hatte aufstellen lassen, als sie ihn für tot gehalten hatte.

Was will uns diese Geschichte sagen? Ich hatte einmal die Gelegenheit, Agnon kennenzulernen, als ich in Israel studierte. Eine Gruppe von uns wurde zu einem Gespräch beim Tee in sein Haus eingeladen. Einer aus unserer Mitte fragte ihn, was er mit *Und das Krumme wird gerade* zum Ausdruck bringen wolle. Ob es eine Kritik an der Religion sei? An der Gerechtigkeit Gottes? Agnon lächelte und sagte: »Ich schreibe bloß Geschichten. Ich überlasse es meinen Rezensenten, sie zu verstehen.« Ich denke, eine von Agnons zentralen Botschaften besteht darin, daß man alles verliert, wenn man seine innere Einheit gefährdet. Menasche war kein vollkommener Mensch, aber ein guter. Als er jedoch den Brief verkaufte, handelte er nicht wesensgemäß. Zum erstenmal in seinem Leben tat er wegen eines raschen, unehrlichen Gewinns etwas Betrügerisches. Als er den Brief verkaufte, gab er buchstäblich seinen guten Namen weg. Und indem er seinen guten Namen weggab, hörte gleichsam der wirkliche Menasche auf zu existieren. Erst als er einen Akt enormer Selbstaufopferung vollzog, stellte er sich selbst als anständige und in sich geschlossene Persönlichkeit wieder her (ironischerweise indem er es duldete, daß eine gesetzwidrige Beziehung fortbestand), und infolgedes-

202

sen bekam er seinen Namen zurück. Er fand seine letzte Ruhestatt unter einem Grabstein, auf dem sein Name stand.

Wenn wir etwas Unrechtes tun, weil wir nur Menschen sind und unsere Verhaltensalternativen so kompliziert und die Versuchungen so groß sind, verlieren wir nicht unsere menschliche Natur. Aber wir verlieren unsere innere Einheit, unser Gefühl, ein geschlossenes Ganzes zu bilden, allezeit dieselbe Person zu sein. Wir schaffen eine Situation, in der ein Teil von uns, unser guter Wesenskern, im Streit liegt mit einem anderen Teil von uns, unserer schwachen und selbstsüchtigen Seite. Wir verlieren die konzentrierte Ausrichtung, die Zielstrebigkeit, die uns befähigt, die Dinge zu tun, auf die es uns ankommt. Ebendann brauchen wir das religiöse Geschenk der Vergebung und Sühne (das unsere aufgesplitterten Persönlichkeitsanteile *harmonisch eint*). Aber sollten wir jemals zu dem Schluß kommen, daß es sinnlos ist, gut sein zu wollen, weil wir nie gut genug sein können, so verlieren wir ebendann alles. Mensch zu sein kann nie bedeuten, vollkommen zu sein, aber es sollte stets bedeuten, daß wir uns intensiv bemühen, so gut zu sein, wie wir können, und unser jeweiliges Versagen nie zum Anlaß nehmen, das intensive Bemühen aufzugeben.

Was können wir von einem Menschen erwarten: Wie gut kann er/sie sein? Wieviel Güte oder Gutsein können wir von uns selbst erwarten? Ich aß einmal mit einem jungen Mann zu Mittag, der daran dachte, christlicher Priester zu werden. Sein Vater war ein Freund von mir und meinte, daß wir Vergnügen daran finden würden, einander näher kennenzulernen. In unserer Unterhaltung konzentrierten wir uns auf unsere unterschiedlichen theologischen Positionen – ohne daß wir uns irgendwie anstreng-

203

ten, einander zu bekehren oder zu widerlegen, sondern aus dem Wunsch heraus, die mit aller Klarheit und Deutlichkeit dargelegte Sichtweise des anderen zu verstehen. Bald schälte sich der Punkt heraus, an dem unsere Anschauungen, die sich größtenteils deckten, auseinandergingen. Der Eckpfeiler seiner religiösen Weltanschauung bestand in seiner Vorstellung von der »wesensmäßigen Verderbtheit des Menschen«.[37] Die Menschen könnten ja von Zeit zu Zeit einige gute Dinge tun, seien aber wesensnotwendig eigenwillig und selbstsüchtig. Selbst die guten Dinge, die sie vollbrächten, könnten ja egoistisch motiviert sein. Im Gegensatz dazu bestand die Basis meiner Einstellung in der wesensmäßigen Anständigkeit des Menschen. Die Menschen könnten ja in einem Moment der Angst oder Schwäche schändliche Dinge tun, würden aber – mit Ausnahme von vereinzelten Psychopathen – durch ihr Unrechttun beunruhigt und motiviert, es zu sühnen. Die Menschen seien nicht gut, äußerte ich, aber sie seien zum Gutsein oder zur Güte fähig.

Er erinnerte mich an den Holocaust (als ob man mich daran erinnern müßte), und ich erinnerte ihn an die Hunderte von Christen, die ihr Leben aufs Spiel setzten, um Juden zu helfen. Er verwies auf die anhaltende Gewaltverbrechensrate, und ich erzählte ihm von der an der Duke University durchgeführten Studie, aus der ersichtlich werde, daß offene, fröhliche, großzügige Menschen generell gesünder seien als mißtrauische, selbstsüchtige und feindselige. Da jeder von uns seine Zeitungsschlagzeilen und persönlichen Anekdoten hatte, um die Richtigkeit seines Standpunktes zu »beweisen«, ließen wir die Streitfrage ungelöst auf sich beruhen und konzentrierten uns aufs Mittagessen.

In der Mitte des 19. Jahrhunderts attackierten einige religiöse

204

Konservative Charles Darwin wegen seiner Evolutionstheorie, der man entnehmen konnte, daß die Menschheit sich aus niederen Arten entwickelt hat, also wohl kaum eine besondere Hervorbringung von seiten Gottes ist, wie dies in der Genesis geschildert wird. Aber andere stürzten sich auf Darwins Theorie vom »Überleben der Tauglichsten« als den Beweis für die »wesensmäßige Verderbtheit des Menschen«. Aufgrund begrenzter Ressourcen (nicht genügend Nahrung, Land oder Sexualpartner für jeden einzelnen) sähen Menschen ihre Artgenossen zwangsläufig als Konkurrenten und Feinde an und verwendeten ihre Energien darauf, gegen sie zu kämpfen. Das menschliche Leben sei geprägt von Haß, Eifersucht und Krieg, und dies schon seit dem Tag, an dem Adam und Eva das Paradies verließen und Kain Abel erschlug.

1991 veröffentlichte Stephen Jay Gould, ein Dozent der Naturwissenschaften in Harvard und zudem ein talentierter Essayist, eine Sammlung seiner Schriften, unter dem Titel *Gut gemacht, Brontosaurus!*, die mich in das Denken von Petr Kropotkin, einem russischen Naturalisten[38] und Kritiker Darwins, einführte. Kropotkin behauptete, daß Darwin ganz natürlich zu der Ansicht habe kommen können, das Leben sei ein ständiger Kampf wegen begrenzter Nahrung und begrenzten Raums, denn er lebte ja in England, einem übervölkerten Land mit wenigen natürlichen Ressourcen. Aber Kropotkin lebte in Rußland, einem großen, unterbevölkerten Land, und die Lektion, die er von der Natur lernte, war nicht die Lektion, daß Menschen wegen begrenzter lohnender Güter gegeneinander kämpfen, sondern daß Menschen im Kampf gegen eine rauhe Umwelt miteinander *zusammenarbeiten*. Gewiß, nur die Tauglichsten überleben, aber die »Taug-

205

lichsten« sind diejenigen, die am fähigsten sind, mit ihren Mitmenschen zusammenzuarbeiten, sich in gegenseitigem Schutz und gegenseitiger Hilfsbereitschaft zu betätigen, und nicht die Starken, die die Schwachen überwältigen können und es schaffen, daß sie selbst mit wenigen Freunden und Verbündeten übrigbleiben, die ihnen durch den Winter helfen sollen. Goulds Schilderung zufolge gelangt Kropotkin »immer mehr zu der Überzeugung, daß die auf Zusammenarbeit ausgerichtete Lebensweise, die zu gegenseitiger Hilfeleistung führt, nicht nur im großen und ganzen überwog, sondern auch die fortgeschrittensten Geschöpfe in der jeweiligen Gattungsfamilie charakterisierte, die Ameisen bei den Insekten, die Säuger bei den Wirbeltieren. Gegenseitige Hilfeleistung wird daher zu einem wichtigeren Prinzip als der Konkurrenzkampf.«

Die Liebe eines Elternteils zu einem Kind, die Bereitschaft, Nahrung mit ihm zu teilen und seinetwegen sogar das eigene Leben aufs Spiel zu setzen, ist naturgemäß. Dadurch wird die Zukunft sichergestellt; dadurch wird die Art erhalten. Aber Uneigennützigkeit, die Bereitschaft, von sich etwas herzugeben, um einem Fremden zu helfen, ist nicht naturgemäß. Und doch tun das die Menschen. Menschen schenken Bettlern Geld und schicken Almosen an Hilfsorganisationen in Übersee. Menschen springen in tiefe Gewässer und rennen in brennende Gebäude, um Fremden das Leben zu retten. Menschen bleiben die ganze Nacht lang auf und machen Telefondienst für Suizidgefährdete. Das ist nicht natürlich, aber es *ist* die menschliche Natur, die einzigartige Veranlagung des Menschen, den Schmerz eines Fremden zu empfinden und etwas zu dessen Linderung tun zu wollen. Ich glaube, daß meine Auffassung von dem, was das Menschsein

206

eigentlich ausmacht, Akte der Grausamkeit besser erklärt, als dies der dem Pessimisten eigene Grundgedanke von der »wesensmäßigen Verderbtheit des Menschen« in bezug auf Akte des Mitgefühls zu tun vermag. Was können wir von einem Menschen erwarten: Wie gut kann er/sie sein? So gut, wie er oder sie zu sein fähig ist, und einen Großteil der Zeit über erweist sich dann, daß das heißt: wirklich sehr gut.

Ich habe dieses Buch mit einer Beobachtung über Jom Kippur, den jüdischen Versöhnungstag, begonnen; lassen Sie mich jetzt mit einer weiteren Jom-Kippur-Episode schließen. Die persönlichste Predigt in meiner dreißigjährigen Amtszeit als Rabbiner hielt ich an Jom Kippur 1978. Ein Jahr zuvor, während Juden auf der ganzen Welt darum beteten, in das Buch des Lebens eingetragen zu werden, war unser Sohn Aaron unheilbar krank. Er starb wenige Wochen später. Ich wußte, daß meine Predigt am ersten Jom Kippur nach seinem Tod eine tiefgreifendere Darlegung darüber würde sein müssen, was sein Tod für mich und für meinen Glauben bedeutet hatte und wie ich weiterhin glauben konnte in einer Welt, in der junge Kinder starben.
Ich nahm meinen Text an diesem Morgen nicht aus der Bibel, sondern aus einem Büchlein mit dem Titel *Das fehlende Teil* von Shel Silverstein, das ich nur als Märchen für Erwachsene bezeichnen kann. Und diese Geschichte wird darin erzählt: Es war einmal ein Reif, dem ein Teil fehlte. Ein großes dreieckiges Stück war aus ihm herausgeschnitten worden. Der Reif wollte ganz sein, wollte, daß nichts fehlte, also zog er umher, um nach seinem fehlenden Teil zu suchen. Rollend durchstreifte er die Welt, aber weil er unvollständig war, konnte er nur sehr langsam rollen. Und

während er langsam rollte, bewunderte er die Blumen längs des Weges. Er plauderte mit Schmetterlingen. Er genoß den Sonnenschein.

Er fand viele Teile, aber keines von ihnen paßte. Die einen waren zu groß, die anderen waren zu klein. Die einen waren zu rechtwinklig und die anderen zu spitz. So ließ er sie alle am Straßenrand liegen und suchte weiter.

Dann fand er eines Tages ein Teil, das genau paßte. Er war so glücklich. Jetzt könnte er ganz sein, nichts würde fehlen. Er fügte das fehlende Teil in sich ein und begann zu rollen. Jetzt, wo er ein vollkommener Reif war, konnte er sehr schnell rollen, zu schnell, um auf die Blumen zu achten, zu schnell, um mit den Schmetterlingen zu reden. Als ihm deutlich wurde, wie anders die Welt zu sein schien, wenn er so schnell des Weges rollte, machte er halt, ließ sein fehlendes Teil am Straßenrand liegen und rollte langsam davon, auf der Suche nach seinem fehlenden Teil.

Ich äußerte in meiner Predigt die Ansicht, die Lektion der Geschichte bestehe darin, daß wir, in irgendeinem merkwürdigen Sinn, mehr ganz sind, wenn wir unvollständig sind, wenn uns etwas fehlt. Der Mensch, der alles hat, ist in mancherlei Hinsicht ein armer Mensch. Er wird nie wissen, was für ein Gefühl es ist, sich zu sehnen, zu hoffen, seine Seele mit dem Traum von etwas Besserem zu nähren. Er wird nie die Erfahrung kennen, daß ihm jemand, der ihn liebt, etwas gibt, das er immer haben wollte und nie hatte.

Eine eigentümliche Ganzheit oder Vollständigkeit weist der Mensch auf, der sich verschenken kann, der seine Zeit, sein Geld, seine Kraft anderen geben kann, ohne sich dabei gemindert zu fühlen. Eine eigentümliche Ganzheit weist der Mensch auf, der

208

sich mit seinen Grenzen abgefunden hat, der weiß, wer er ist und was er kann und nicht kann, der Mensch, der beherzt genug war und ist, seine unrealistischen Träume loszulassen, ohne sich deswegen wie ein Versager zu fühlen. Eine eigentümliche Ganzheit weist der Mann oder die Frau auf, der/die gelernt hat, daß er oder sie stark genug ist, ein tragisches Geschehnis zu erdulden und zu überstehen, die Person, die jemanden durch Tod, durch Scheidung, durch Entfremdung verlieren und sich trotzdem wie ein vollständiger Mensch fühlen kann und nicht bloß wie der eine Teil eines auseinandergerissenen Paares. An diesem Punkt kann einen nichts mehr in Panik versetzen. Man hat das Schlimmste durchgemacht und es heil, ganz, überstanden. Wenn wir einen Teil von uns verloren haben und weiterhin durch das Leben rollen und an ihm Gefallen finden können, werden wir eine Ganzheit erlangt haben, nach der andere nur streben können.

Das, so glaube ich, war es, was Gott von Abraham verlangte. Nicht: »Sei vollkommen«, nicht: »Mach niemals einen Fehler«, sondern: »Sei ganz.«[39] Vor Gott ganz zu sein bedeutet, vor Ihm zu stehen mit all unseren Fehlern wie auch all unseren Vorzügen und die Botschaft von unserer Annehmbarkeit zu hören. Ganz zu sein bedeutet, sich über das dringende Bedürfnis zu erheben, so zu tun, als seien wir vollkommen, sich über die Angst zu erheben, man werde uns ablehnen, weil wir nicht vollkommen sind. Und es bedeutet, es kraft der eigenen inneren Einheit nicht zuzulassen, daß die unvermeidlichen Momente der Schwäche und Selbstsucht bleibende Bestandteile unserer Wesensart werden. Unterscheiden Sie klar, was gut ist und was böse ist, und wenn Sie Unrecht tun, dann vergegenwärtigen Sie sich, daß daran nicht Ihr eigentliches Ich beteiligt war. Es geschah, weil die herausfordernde Aufgabe, ein Mensch zu sein, so groß ist, daß sie keiner jedesmal richtig bewältigt. Gott verlangt nicht mehr von uns als das.

Der Philosoph Immanuel Kant schrieb einmal: »Aus so krummem Holz wie dem, aus dem der Mensch gemacht ist, läßt sich nichts vollkommen Gerades schnitzen.« Wahrscheinlich hat er recht, aber die aus dieser Einsicht zu lernende Lektion besteht nicht darin, sich das Menschsein aus dem Kopf zu schlagen, sondern darin, sich die Suche nach Vollkommenheit aus dem Kopf zu schlagen. Vielleicht können Menschen nichts vollkommen Gerades gestalten. Aber vielleicht wird ja das, was wir zu gestalten fähig *sind*, trotz seiner Krümmungen und Astlöcher, interessanter, befriedigender sein.

Das Leben ist keine Falle, die uns Gott gestellt hat, damit Er uns wegen Versagens verdammen kann. Das Leben ist kein Rechtschreibwettbewerb, wo man, wenn man *einen* Fehler macht, disqualifiziert wird, ganz gleich, wie viele Wörter man richtig buchstabiert hat. Das Leben ist eher wie eine Baseballsaison, in der sogar die beste Mannschaft ein Drittel ihrer Spiele verliert und sogar die schlechteste Mannschaft ihre glanzvollen Tage hat. Unser Ziel besteht nicht darin, uns das ganze Jahr zu halten, ohne je ein Spiel zu verlieren. Unser Ziel besteht darin, mehr zu gewinnen, als wir verlieren, und können wir dies beständig schaffen, dann haben wir insgesamt gewonnen, wenn das Ende kommt. Am Anfang, in der frühen Kindheit des Menschengeschlechts wie in der frühen Kindheit eines Einzelmenschen, war das Leben einfach. Dann aßen wir von der Frucht jenes Baumes, und wir erlangten das Wissen, daß einige Dinge gut und andere schlecht sind. Wir lernten, wie schmerzhaft vielschichtig das Leben sein konnte.

Aber am Ende, wenn wir tapfer genug sind zu lieben, wenn wir stark genug sind zu vergeben, wenn wir hochherzig genug sind, uns am Glück eines anderen aufrichtig zu freuen, und wenn wir einsichtig genug sind zu wissen, daß für uns alle genügend Liebe da ist, dann können wir eine Erfüllung erreichen, die keiner anderen lebenden Kreatur je zuteil werden wird. Wir können wieder ins Paradies eintreten.

Anmerkungen

zur deutschen Übersetzung

1 Im Orig.: »less than perfect«. Dies wird im Kontext von *Warum Eva vom Apfel aß* prinzipiell nicht emotional/(ab)wertend – mit der üblichen Bedeutung »alles andere als vollkommen« – gebraucht, sondern deskriptiv/normativ im Sinne von »den Grad/Status der (vollendeten) Vollkommenheit wesensnotwendig, d. h. der menschlichen Natur zufolge, nicht erreichend«, und wird daher wörtlich mit »weniger als vollkommen« oder ggf. mit »nicht absolut perfekt« übersetzt.

2 Das zweitägige jüdische Neujahrsfest (Rosch-ha-Schana, wörtl. »Haupt des Jahres«) fällt auf den 1. und 2. Tischri (September-Oktober) und leitet die zehn Tage der Buße ein, die mit dem Versöhnungstag (Jom Kippur) enden.

3 Die Übersetzung der Bibelzitate folgt in der Regel der deutschen *Einheitsübersetzung*. Wenn der von der dt. *Einheitsübersetzung* abweichende amerikanische Wortlaut für den Kontext, d. h. für H. Kushners Argumentation/Interpretation, relevant ist, folgt die Übersetzung wörtlich dem Original.

4 Dt.: Urteil/Beurteilung.

5 Lauf des *Läufers* (d. h. des *Schlagmanns*, der einen vom *Werfer* der Gegenpartei geworfenen Ball weggeschlagen hat) über alle drei Laufmale (engl. »bases«) des Spielfeldes. Wenn der Läufer alle drei Male erreicht, ohne von den außerhalb des Spielfelds befindlichen *Malspielern* »abgeschossen« zu werden, hat seine Partei einen Lauf gewonnen.

6 D. h. die mit Ismael schwangere Magd Hagar. Vgl. Gen. 16, 4 ff.

7 Sara.

8 D. h. sich als seine Schwester auszugeben. Vgl. Gen. 12, 13.

9 Vgl. Sam. 11, 14 ff.

10 Lat., wörtl. »mit großem Lob«: *Sehr gut*, zweitbestes Prädikat bei der Doktorprüfung.

11 D. h. auf der Basis der *analytischen Psychologie/Tiefenpsychologie* von Carl Gustav Jung (1875–1961) praktizierende Analytiker.

12 Die Desoxyribonukleinsäure, der Träger der genetischen Information.

13 D. h. einem fachspezifischen oder fachübergreifenden Nachschlagewerk, in dem der (jeweilige) gesamte Wissensstoff lexikalisch oder systematisch dargestellt ist.

14 Gen. 4, 1. In der Bibelübertragung von Martin Buber (und Franz Rosenzweig): »Kaniti – Erworben habe ich mit IHM einen Mann.« – In der dt. *Einheitsübersetzung:* »Ich habe einen Mann vom Herrn erworben.«

15 Im Orig.: »my integrity«. »Integrity« hat zwei Grundbedeutungen: »Integrität« (im Sinne des deutschen Wortgebrauchs) und »Geschlossenheit«/»Einheit«/»Ganzheit« (mit dieser ist eine dritte Bedeutung verknüpft, nämlich »Unversehrtheit«/

214

»Unbeeinträchtigtheit«/»Intaktheit«). Kushner verwendet »integrity« prinzipiell im letzteren Sinne. – Vgl. auch seine Ausführungen auf S. 198, 202f. u. 208 f.

16 Wörtl. »Lernen«/»Lehre«. Der Talmud ist das nachbiblische Hauptwerk des Judaismus, hervorgegangen aus mehrhundertjähriger Überlieferung, abgeschlossen ca. 500 n. Chr. Der Talmud besteht aus der Mischna, einer nach Sachgebieten gegliederten Rechtssammlung und Rechtskodifizierung (in Hebräisch), sowie der auf ihr aufbauenden, äußerst komplexen Diskussion und Erläuterung und/oder Exemplifizierung – der Gemara (in Aramäisch).

17 Kushners nachfolgende Schilderung weicht durch einige – für seine Argumentation unerhebliche – Umstellungen (im Geschehensablauf) und Abstraktionen bzw. Verkürzungen vom Bericht in der *Einheitsübersetzung* ab.

18 Dt.: *(Das) Gastmahl*, wohl das berühmteste der nahezu ausnahmslos in Dialogform verfaßten Werke des griechischen Philosophen (geb. 427 v. Chr. in Athen, gest. daselbst 347).

19 In heutiger Terminologie: zwischen Mord und fahrlässiger Tötung.

20 Siehe Anm. 16.

21 Im Orig.: »They choose happiness over righteousness.« Die übliche (stilistisch veraltete) Übersetzung von »righteousness« mit »Rechtschaffenheit« wäre im Kontext von Kushners Argumentation wenig sinnvoll, eher irreführend. »Righteous(ness)« bezeichnet hier vornehmlich die nicht eigentlich »menschliche«, weil auf dem moralischen Rechtsstandpunkt beharrende, letztlich (ab)urteilende/vorwurfsvolle Grundhaltung des sich charakterlich/sittlich im Recht/ge-

215

rechtfertigt/»in Ordnung« Fühlenden (und eben nicht des »Gerechten« im bibl. Sinne). Daher wird (das immer schwer übersetzbare) »rigtheous(ness)« mit »moralische Rechtlichkeit« bzw. mit »moralisch im Recht (zu) sein« wiedergegeben.

22 Das Rhodes-Stipendium (»Rhodes scholarship«) ist eines der 72 von dem südafrikanischen Staatsmann und Finanzier Cecil Rhodes (1853–1902) gestifteten Stipendien, das jährlich an hochbegabte Studenten der USA und des Commonwealth für ein zwei- bis dreijähriges Studium an der Universität Oxford vergeben wird.

23 D. h. offizielle, mit allen gemeindlichen Pflichten betraute (Stadt-/Dorf-)Rabbiner.

24 Kurzform von *Rebbe*, die jiddische Bezeichnung für (den Titel) *Rabbi*.

25 Diese zitierte Textstelle ist im betreffenden Passus der (christlichen) *Einheitsübersetzung* und auch der Buber-Rosenzweigschen Übertragung nicht belegt.

26 Siehe Anm. 12.

27 Die Thora/Tora (»Weisung«/»Gesetz«/»Lehre«) ist im engsten Sinne das den Juden am Sinai von Gott gegebene Gesetz; im engeren, liturgischen Sinne werden damit die fünf Bücher Mose, der Pentateuch (Genesis, Exodus, Levitikus, Numeri, Deuteronomium), bezeichnet; im weiteren Sinne sind damit die Bücher der hebräischen Bibel (christl.: des Alten Testaments) insgesamt und im weitesten Sinne das ganze religionsgesetzlich verbindliche »heilige Schrifttum« gemeint.

28 Gilbert Keith Chesterton (1874–1936), englischer Erzähler,

216

Lyriker und Essayist; ein überzeugter Katholik mit lebensbejahender, zeitkritischer Gesinnung.

29 Wörtl. »Menschen«: Selbstbezeichnung der Eskimos.

30 Persischer Dichter, Mathematiker und Astronom, gest. 1121 in Nischapur; im Abendland bekannt durch seine mystisch-pantheistischen Vierzeiler *(Rubaijat)*.

31 Im Orig.: *»thou shalt«* (veraltet bzw. gehoben für »you shall«), hat normalerweise auch im biblischen Kontext die Bedeutung »du sollst«; aber beim zukunftsbezogenen »du sollst« schwingt im Englischen (und ebenso im Deutschen) immer auch die futurische Bedeutung (im Sinne von: »du sollst einmal/dereinst …«) mit; und speziell im vorliegenden Steinbeckschen Kontext liegt der Akzent eindeutig darauf.

32 Die *King James Bible/Version* oder *Authorized Version* ist die 1611 unter James I. veröffentlichte englische Bibelversion.

33 Dies entspricht auch dem deutschen Wortlaut in der *Einheitsübersetzung*.

34 »Revised Standard Version«: die verbesserte amerikanische Bibelausgabe v. 1953.

35 Im Orig.: »whole-hearted«, was sich hier (bedauerlicherweise) nicht mit »aus ganzem Herzen« übersetzen läßt. Der Ganzheitsaspekt – die Bibelübertragung von Martin Buber (und Franz Rosenzweig) gibt, wie Kushner (siehe S. 209), *tamim* mit »ganz« wieder – ist für Kushners Deutung der Textstelle ausschlaggebend. Er geht im Deutschen verloren: Die deutsche *Einheitsübersetzung* hat »rechtschaffen«; die Lutherbibel hat »fromm« verwendet.

36 Eine Färse ist ein weibliches Rind, das noch nicht gekalbt hat.

37 Im Orig.: »the essential depravity of Man«; die »depravity of

Man« ist in religiösem Sprachgebrauch »das Böse im Menschen«, ein Synonym für die »Erbsünde«.

38 D. h. einem Anhänger des Naturalismus, der philosophischen Weltanschauung, der zufolge nichts außer der Natur real ist bzw. alles aus Naturtatsachen erklärbar ist.

39 Siehe auch Anm. 35.